《邁步復元路》
優勢為本的復元自學手冊
（上冊）

作者
普西拉・李奇韋、戴安・麥迪雅米、蘿莉・戴維森、
茱莉・比爾斯及莎拉・拉茨拉夫

撰稿人
雪麗・布萊索、珍妮斯・德里斯高、萊斯・希金斯、
藍迪・莊信、蘇塞特・麥克、艾美・史蒂芙薇特
及其他美國堪薩斯人

翻譯
香港浸信會愛羣社會服務處精神健康服務團隊
吳家琪、陳玉清、陳秀琴、陳瑞琼、曾永英、馮斐燕、
關美玲、謝朗齡、蕭藹盈

《邁步復元路：優勢為本的復元自學手冊》是由美國堪薩斯州勞倫斯市堪薩斯大學社會福利學院 (University of Kansas School of Social Welfare) 的精神健康研究及創新中心 (Center for Mental Health Research and Innovation) 出版，獲得堪薩斯州托皮卡市堪薩斯長者及殘疾人士服務處 (Kansas Department for Aging and Disability Services) 以合約資助。

Authors:	Priscilla Ridgway Diane McDiarmid Lori Davidson Julie Bayes Sarah Ratzlaff	Cover Design:	Lori Davidson Tonya Hinman Suzette Mack Jan Kobe Joy Butterfield Janice Driscoll Diane McDiarmid Priscilla Ridgway
Production Coordinator:	Sarah Ratzlaff		
Illustrators:	Jan Kobe Lori Davidson Priscilla Ridgway		

English Version Copyright © 2002 University of Kansas School of Social Welfare
Chinese Version Copyright © 2017 University of Kansas School of Social Welfare
ISBN 10: 1-5370532-4-8 (Volume 1)
ISBN 13: 978-1-5370532-4-0 (Volume 1)
Price: US $10.00, HK $80

All rights reserved. No part of the materials may be reproduced in any form or by an means, electronic or mechanical, including photocopying, recording, or by any information storage and retrieval system, without written permission from the authors.

The authors of this book do not receive profit from sales of this workbook. All profits are designated for reprinting of the book and to provide scholarships for Kansas residents with the lived experience of mental illness or trauma to return to post-secondary education.

Pathways to Recovery: A Strengths Recovery Self-Help Workbook is published by The University of Kansas, School of Social Welfare, Center for Mental Health Research and Innovation, Lawrence, Kansas, USA. and was originally supported through a contract with Kansas Department for Aging and Disability Services, Topeka, KS.

9th Prining — June 2014
8th Printing — January 2012
7th Printing — November 2010
6th Printing — June 2009
5th Printing — January 2008
4th Printing — October 2006
3rd Printing — July 2005
2nd Printing — April 2004
1st Printing — July 2002

Recommended Reference
Ridgway, P., McDiarmid, D., Davidson, L., Bayes, J., & Ratzlaff, S. (2002). *Pathways to Recovery: A Strengths Recovery Self-Help Workbook*. Lawrence, KS: University of Kansas School of Social Welfare.

前言

《邁步復元路》於2002年出版之初,我們對讀者的反應可以說是毫無頭緒的。說時遲那時快,出版不久,我們已開始收到讀者寄來的私人筆記及信件,告訴我們這本書如何對他們的人生產生積極的影響、如何幫助他們預見自己在正規服務外還可以活出有價值的生活;分享他們的復元經歷及有關找到希望、意義、目標及身份轉化的故事。

自《邁步復元路》一出版,人們對復元及精神病的理解有很大的進展。即便如此,因為本書是從最基礎的人本角度去探討復元,所以它是不受時間影響歷久常新的。貫穿全書的一個訊息是——人類既是充滿活力且是整全性的,並會按著自己的時間去展開生命之旅。本書確認每個人都有優勢(才能、技能、擁有來自個人及環境的資源及支援),它亦鼓勵每一位善用優勢,積極促進自己的身心健康。

無論你處於復元旅程上的哪一點,本書定有一些對你有用的東西。你不用從頭到尾讀完整本書,你可以選擇獨個兒使用,亦可邀請其他敢於展開復元旅程的人或一班互相支援的朋輩一起完成本書。

我們很期待與每一位華人分享《邁步復元路》。想活得有意義、有目標及有正面的自我身份認同,是超越文化的,也是做人的基本渴望。祝願各位旅途愉快!

歷克‧格斯查博士
美國堪薩斯大學精神健康研究及創新中心總監

序言

魯迅在小說《故鄉》中這樣寫道：「希望是本無所謂有，本無所謂無的。這正如地上的路，其實地上本沒有路，走的人多了，也便成了路。」

《邁步復元路》由選材、翻譯、成書到出版，正是過去幾年間一班熱心的助人專業者和復元人士「用之而成路」的好例子。原書 (英文版) 二零零二年在美國問世，是復元運動其中一部扛鼎之作。一晃眼十四年過去了，復元已成為香港精神健康服務的一大趨勢。中文版在此時此地面世，在華人社會更有拋磚引玉的倡導意味。此書為自學手冊，讀者一書在手，自能助人和自助。以下幾點意見，供大家使用手冊時參考：

- 復元的關鍵在於自助者、受助者和助人者在過程中能否堅持以優勢為本，強調復元人士本身的能耐、潛能以及環境優勢。書中收錄了一些復元人士的心聲，他們都不約而同地認為復元乃一種「內在醫治」，是一個由內而外，接納自己，擺脫受害者或病人角色，繼而藉著個人和外在資源發揮所長的過程。很多人面對精神障礙者時都會不自覺地將重點放在病理分析和藥物治療上，結果是間接「矮化」了復元人士的能力和內在需要，這點大家必須留意；
- 此書一大特色，是大部分的翻譯和編輯工作都是由復元人士和社工聯合執行。翻譯作為「文化遷徙工程」，並非單純技術上的搬字過紙，而是譯者根據自身的生活經驗，將本地的視野融入外來的觀念。由本地復元人士和社工翻譯《邁步復元路》書，可確保書中內容更接近華人的思維方式，亦更切合本地社區需要，同時亦啟發我們進一步思考：西方的復元概念在中文的語境中可有什麼需要調節以至進化的地方呢？對自助者和助人者來說，這都是一次難得的文化實驗和充權經驗；
- 路有兩重意思。一為路數，即方法，如書中提供的種種有助讀者重建生活，重拾社會角色和提升身心健康的簡易練習。另為路途，即達成目標的過程。前者具體，後者抽象，但同樣不可或缺。旅行並非單純的由A點走到B點，途中遇上的人和事，對自己的接納和了解，甚至偶爾的壞天氣和迷路，都是自療的一部分。如書中引錄的金句所表示：「到處都是有待你發掘的機遇，不要原地踏步。」繼續走下走，便是希望。

最後，借美國朋輩領袖柏翠西亞‧迪根的話來總結，「復元是一個過程、生活方式、一種態度及應對挑戰的方法…」復元是一個動詞，重點不在於有無 (我有沒有復元)，而在於選擇啟航 (我在復元的路上)。沿路風景時好時壞，但反映在我們眼裡的，都是生命的價值和意義。

謝樹基教授
香港大學社會科學學院副院長及社會工作及社會行政學系教授

序言

我喜愛這本自學手冊！《邁步復元路》將復元喻為人生的一段旅程，並透過一連串練習，引導讀者在復元的過程中辨識和應用個人優勢。一些與旅程相關的字眼，包括：作好準備、以動力作為燃料、在路途上充電、調整策略和中途休息站等等，都被用來比喻為不同階段的復元，以強調復元是關於改變我們的人生，而不單是生理狀態。在頁邊的空白處，有來自服務使用者、精神康復者和智者的勵志語錄，以提醒我們，復元的核心是有關人的成長、抗逆力和戰勝逆境。

《邁步復元路》令我覺得耳目一新，因為它有助成年復元人士去處理他們所關注的問題，包括性、親密感和經濟能力。使用這本自學手冊時，無須從頭到尾順序地完成每一章，它是適合處於不同情況的人。因為作者們小心地從顧問委員會、焦點小組和工作坊搜集復元人士／倖存者的意見，所以當中的自助練習既實用又易於學習。

對服務使用者和復元人士來說，《邁步復元路》是一個重要的新資源，它見證著自助的力量，而就其本身而言，它有助整個精神健康業界邁向以復元為本。我極力推薦這本自學手冊！

～柏翠茜亞・迪根博士
美國朋輩領袖

獻辭

我們希望將這自學手冊獻給所有曾經歷精神病、精神創傷或其他精神健康問題並忍耐整個過程的人。你們的抗逆力、堅強的意志和最重要的——勇氣——使我們感到驚歎。我們希望將這手冊獻給你，讀者。在你開展你們的旅程時，我們祝福你。

～眾作者

我誠心將這自學手冊獻給充滿活力的「創意力量」(Creative Force)，亦希望將這手冊獻給霍華德・蓋爾德，他的愛心、具體的組織及幽默感激勵了許多參與復元人士運動的人。最後，我想獻給「復元範例計劃」(Recovery Paradigm Project) 的寫作團隊，以及下一個會完成的禮物。

～普西拉

喬治，我要將這本書獻給你，向你致以最大的尊敬、持續的愛和深深的感謝。你的支持、想像力和自信的態度，幫助我們清晰知道自己可以實踐和最終成為的願景是甚麼。當我最需要你的時候，你都在那兒。我也要把這手冊獻給迪比，你的冒險精神激勵了我們；獻給米高，你的關懷和同情心鼓勵我們；獻給米雪，感謝你跟我們分享你的優勢。感謝復元人士、家人、專業輔助人員、同事和我的學生，你們教了我很多。

～戴安

獻給湯姆及耶柔米......你們豐富了我的生命......獻給雪兒、丹妮絲、珍、喬伊斯、卡倫、米妮、雪麗、蘇珊、東尼亞......我的朋友，我的導師及我終身的姊妹們......你們熱情友好的精神激勵了我，並且讓友誼受讚頌......獻給祖絲，願你常有平安......獻給多年來跟我分享他們的故事的所有人......你們讓我明白到，人與人之間只是一線之隔......

～蘿莉

我將這本書獻給貝特納殊社區精神健康中心 (Bert Nash Community Mental Health Center) 的員工和服務使用者，他們給我機會成為他們生命中的一部分。

～茱莉

獻給所有作者......為著有機會成為這項目的一部分。你們教導我的是超過你們所認識的。你們的知識、創意和愛心是多麼的鼓舞人心。

～莎拉

致謝

全國有很多人組織起來去擁抱復元的願景。在美國堪薩斯州，我們多年來致力創造那個復元的願景，而《邁步復元路》就是將復元的理想實踐於日常生活中的工具。

我們幾位代表堪薩斯大學，參加了瑪莉・愛倫・合蘭在佛蒙特州的普特尼舉辦之復元教育導師培訓工作坊後，便開始了這個項目。我們對她具有影響力的工作極其欽佩。她將有用和具體的復元知識及技巧直接交到每個人的手裡，將復元實踐於實驗性智慧中。

有幾位工作坊的參加者問我們，何時會在堪薩斯開辦優勢模式導師培訓工作坊。我們決定將優勢模式的基本原則、價值觀和過程（到目前為止適合於個案經理）轉化為一個自助模式，並將優勢模式更直接地連繫到我們正在做的其他復元工作上。

誠然，《邁步復元路》一書集結了製作團隊的努力和共同的冒險精神。我們選擇在文中使用旅程和行旅的比喻，去表達我們作為個人及至整個系統皆邁向復元。我們從會議、研討會和專家小組收集意見，得到各人分享他們對復元的意見和故事。我們也閱讀了很多文獻和分析最新關於復元的研究結果；在這些資料來源當中，遍佈著復元的概念——乃是一個行動、過程和旅程。

《邁步復元路》顧問小組

《邁步復元路》顧問小組是一群充滿熱誠和創意的人。參加者在一年半內每個月見面一次，構想和創作《邁步復元路》自學手冊。顧問小組主要由具親身經歷的人組成，亦包括堪薩斯精神健康署 (Kansas Department of Mental Health) 的領袖和具創新精神的社區支援工作者。顧問小組成員為自學手冊的風格內容提供建議、為篇章的計劃集思廣益、分享他們的故事、幫助收集語錄和資源，並決定自學手冊的設計外觀。就初步草稿內容，他們也提供了十分有用的意見。我們十分感激以下一班了不起的人：茱莉・比爾斯、芭芭拉・邦、珍妮斯・德里斯高、達倫・杜絲勒、伊莉莎伯・高迪、祖安、侯利、萊斯・希金斯、東尼亞・凱文、藍迪・莊信、珍・高比、蘇塞特・麥克、雪妮・皮爾格以及艾美・史蒂芙薇特。

蘿莉・戴維森
蘿莉以此項目完成她第一年的社會工作碩士實習課程。她不但撰寫某些篇章的一些部分，又在出版之前邀請個別人士和小組預先試驗一下內容，並跟珍・高比一同為本手冊畫插圖。蘿莉其中一個最大的優勢是「將消息發放出去」，所以她肩負設計和宣傳品的製作，並在堪薩斯州推廣《邁步復元路》。

茱莉・比爾斯
茱莉是復元工作者之畢業生，在《邁步復元路》的發展階段，她任職於貝特納殊社區精神健康中心的社會心理項目。我們感謝茱莉重要的貢獻，包括在動力、親密關係、崎嶇和超級充電方面文字上的協助，以及分享她的個人經歷和故事。

莎拉・拉茨拉夫
作為《邁步復元路》製作團隊的研究助理，莎拉本身亦是顧問會議中的一員，負責準備材料及跟進參加者等工作，並為我們搜集研究、文章和其他資源。莎拉亦花了多個小時為這手冊排版，好讓我們將文檔列印出來。莎拉，多謝你的堅毅和勇氣，並分享你許多的優勢。

作者
我們希望感謝每位對這本書作出貢獻的人士。從勇敢和擁有抗逆力的人身上學習時，令我們感到很興奮。他們的洞察力、反思、親身復元經歷、意見和天分，實令這本書生色不少。主要文本由以下人士撰寫：
～蘇塞特・麥克：撰寫有關超級充電和職業範疇的篇章。
～萊斯・希金斯：撰寫有關靈性的篇章。
～藍迪・莊遜：撰寫有關動力的篇章。

設計師
特別多謝珍・高比協助為《邁步復元路》畫插圖；能有一位獲獎的設計師以此途徑跟我們分享她的天賦，令我們感到十分興奮。多謝蘿莉・戴維森的插圖，以其具創意的眼光為這手冊排版。普西拉・李奇韋亦為文本加上繪畫。作為一個集體計劃，蘿莉、珍、東尼亞・凱文、蘇塞特・麥克、珍妮斯・德里斯高和喬伊・巴特菲爾德，利用他們的創意優勢為封面繪圖。

分享復元故事

我們希望多謝其他分享他們的復元故事的人士：

復元工作者 (Consumer as Provider, CAP) 計劃畢業生

通過堪薩斯大學社會福利學院修讀「復元工作者」（CAP）課程的同學，對人們認識復元作出了很重要的貢獻。CAP是個為期十五週的課程，為個人提供基本支援技巧、道德和優勢模式的訓練，讓他們能成為社區支援服務的提供者。我們從CAP同學身上學到很多，尤以他們的復元故事令人獲益良多，因此我們把當中的一些引用在篇章裡。我們獲准使用很多CAP畢業生的復元故事，可惜的是，我們未能一一刊登。特別要鳴謝以下准許我們使用其故事和意見的人士：素‧斑內特、比芙‧卡利文、基絲桃、德克斯、蓮達、安迪葛、珍、漢森、嘉莉、亨特、珊蒂、凱迪、馬克、奇素、珊蒂、路易斯、蘇塞特、麥克、仙蒂、羅夫加夫、大衛‧韋迪、雪莉、絲葛、當娜、史多利、史當美、活和特、嘉芙蓮、斯克魯格斯、嘉菲‧信恩、基斯‧素柯及其他保持匿名的CAP畢業生。

雪麗‧布萊索

很榮幸，我們得到堪薩斯城一間由朋輩營運的機構S.I.D.E Inc. 的執行董事雪麗‧‧布萊索為《邁步復元路》分享其演講辭。

維琪‧達玲

我們在一個會議上遇到從賓夕凡尼亞州費城而來的精神健康領袖維琪。我們要感謝她分享她作抉擇之苦。

「講述你的復元故事」工作坊之參加者

2001年，堪薩斯復元會議在威奇托舉行，七百位參加者中差不多有一百位參加了我們的「講述你的復元故事」工作坊。參加者在小圈子中分享他們部分的復元故事。聆聽這些故事對房間裡的每一個人都有強大的影響。這個小組自由討論為何講述故事那麼重要，並提出了一些很好的意見，於是我們把它們寫進最後一章裡。我們不知道你們的名字，但你們影響並塑造了這本書，為此我們感謝你們。

復元範例計劃

我們亦取得為1999年堪薩斯州勞倫斯的會議所準備的一組論文,題目為「深化精神健康復元範例,界定實踐的影響」。這些論文會以單獨的文本呈現。多謝住在佛羅里達州的安德雅•布蘭奇和莎莉•基利、堪薩斯州人雪麗•布萊索、羅德島州的嘉芙蓮•高行、佛蒙特州的瑪莉•愛倫•合蘭、緬因州的撒喜拉•都和、麻薩諸塞州(麻省)的柏翠茜亞•迪根、葛多尼•夏丁和多莉•夏志臣、科羅拉多州的愛德華•禮持、加利福尼亞州的傑伊•梅勒和史泰西•圖柏及印第安納州的帕特里克•沙利文。

堪薩斯服務使用者經營機構 (Consumer-Run Organizations, CRO) 及社區支援服務 (Community Support Services, CSS)建立及支持優勢復元觀點,成為了遍佈堪薩斯的CRO及CSS的主旨。為了評估和重新設計這本自學手冊的內容,我們就每一章都進行現場測試。我們從兩個機構的人士及堪薩斯州一些個別人士取得意見,包括在萊斯尼•楊和東尼亞•凱文領導下的堪薩斯市懷恩多特中心 (Wyandot Center),以及在米高•荷倫領導下的托皮卡突破社區中心 (Breakthrough Clubhouse) 支持《邁步復元路》的現場測試。我們見識到人們熱切希望和需要正面優勢為本的資訊和過程,以助他們為自己的復元承擔責任,並向著其個人目標前進。人們確實希望取得這些材料。我們感謝每一位曾參與焦點小組或個別測試的人士。

堪薩斯精神健康服務 / 社會及康復服務 (Social Rehabilitation Services, SRS)

我們非常感謝來自堪薩斯國家精神健康濫藥及復元服務 (State of Kansas Mental Health Substance Abuse and Recovery Services) 的伊莉莎伯•高迪和藍迪•莊遜,他們強而有力的領導和對復元的願景正在改變世界。SRS資助這個項目,而伊莉莎伯和藍迪亦十分積極參與。

優勢觀點

這本書是以優勢觀點為基礎。個案管理中的優勢模式,原是由堪薩斯大學的博士生朗拿•卓伯倫開創。然後,在1980年代初期被查理斯•瑞柏、朗拿和堪薩斯大學的同事加以發展及系統化。同樣是從堪薩斯大學而來的瑞柏和丹尼斯•沙李比,曾出版關於優勢模式的文章,為精神健康工作人員提供了理論和實踐技巧。

優勢模式與復元是緊密合作夥伴。一些優勢模式的指導原則包括：該人士必須主導他們自己的支援過程、聚焦在優勢而不是在病理之上、有能力學習、成長及轉變的人，與及社區融合並善用自然存在的社區資源比隔離計劃的環境更可取。優勢模式起初用於患有嚴重精神病的人士，但現已套用到其他範疇，包括長者和兒童福利。

查理斯・瑞柏、柏・蘇利雲、和達・奇士達德、戴安・麥迪雅米等等在數年間，為精神健康工作人員制訂一個優勢模式的正規訓練課程，並在堪薩斯、美國各處和世界各地舉行工作坊。而精神健康研究及訓練處 (Office of Mental Health Research and Training) 的員工——蓮達・卡臣、力奇・歌察、戴安・麥迪雅米和史提夫・荷夫——則不斷提供最新資訊，將更多有關復元的內容加進這個訓練中。堪薩斯大學社會福利學院的員工現時與具親身經歷的人士合作到堪薩斯和美國各處推行這個訓練。

堪薩斯大學社會福利學院的精神健康研究及訓練處使我們能夠開展《邁步復元路》計劃，特別感謝我們的主任查理斯・瑞柏的鼓勵及支持。

普西拉・李奇韋 及 戴安・麥迪雅米
2002年6月

<u>後記</u>

自從《邁步復元路》的初版推出後，堪薩斯大學對於這個復元工具所獲得來自全世界各地的回應，我們深感榮幸同時自愧不如。我們獲悉數以百計的個別人士和組織認為這自學手冊有助改變生命。我們真誠的感謝各位的意見、評語和故事，並相信你們會跟我們繼續分享的。

我們亦希望藉此機會，紀念曾在自學手冊分享個人故事的四個人——克莉絲特・德樂詩、珍・漢森、嘉莉・亨特和雪莉・絲葛，在《邁步復元路》分享了他們的生命及充滿盼望與愛的故事。我們非常想念他們。

最後，當我們繼續走在復元之路上，盼望常時以歌手迭戈・托雷斯 (2002) 的名言來作為我們的指引：

相信這是可能的，希望這是可能的，擺脫恐懼，除掉它們，在你的臉上塗上盼望的色彩，並用心去冒險吧！

蘿莉・戴維森
2008年1月

相比在我們心裡的,
那些在我們背後及面前的,
都是微不足道的事。

～賴夫・瓦爾多・愛默生

目錄

序言及引言：這本自學手冊適合你嗎？

這本自學手冊適合你嗎？ iii
這本自學手冊是關於甚麼？ iv
如何使用這本自學手冊 iv
給精神健康服務提供者及其他支援者的特別說明 viii

《邁步復元路》（上冊）
第一章：「優勢為本的復元模式」簡介

甚麼是「優勢為本的復元模式」？ 3
你可以從「優勢模式為本的復元」的過程中獲得甚麼？ 4
甚麼是復元？ 5
復元是新的概念嗎？ 7
復元與抗逆力 10
研究指我們有多大機會復元？ 12
復元運動的基礎是甚麼？ 15
復元及優勢為本 17
小心「復元衝擊」！ 18

第二章：為旅程作準備

引言：讓我們準備好的「ABC」 27
A = Attitudes（態度） 27
B = Behavior（行為） 42
C = Cognition（認知） 45

第三章：起程

- 引言 56
- 動機：復元旅程的燃料 56
- 成為人生駕車員：個人責任與復元 60
- 180度轉向復元 64

第四章：復元是自我發現

- 引言：探討我們的優勢 73
- 規劃一條遠離負面的路線 74
- 改變我們的導向 76
- 出發：辨識我們優勢的來源 78
- 從別人的角度認識自己的優勢 91
- 充分利用我們的優勢 97
- 恭喜你！ 100

第五章：為復元旅程訂一條路線

- 設定復元的個人願景 105
- 確定你想要的未來 108
- 設定一條通往成功的路線：建立長遠的目標 112
- 你有一個指示方向的指南針 116
- 訂立成功的短期目標 117
- 慶祝 123

第六章：旅程的進發

- 引言 127
- 邁向家園：家居環境範疇 131
- 一邊學一邊做：教育範疇 136
- 復元旅程的車票：資產範疇 141
- 建立事業發展路徑：職業範疇 151
- 為自己充電：休閒及娛樂範疇 166
- 一路感覺良好：身心健康範疇 172
- 私密的愉悅：親密感和性範疇 180
- 打造更高層次的路徑：靈性範疇 191
- 來慶祝吧！ 205

《邁步復元路》（下冊）
第七章：復元旅程上的同路人及社會支援

引言 217
甚麼是社會支援？ 218
社會支援有甚麼益處？ 219
擴大我們的支援圈子 227
培養我們的支援圈子 246
為我們的支援而慶祝 255

第八章：制訂你的個人復元計劃

引言 259
是甚麼使我們的個人復元計劃成功？ 259
將所有結合起來 266
個人復元計劃 270
起程 276
慶祝！ 277

第九章：跨越崎嶇和路障

引言：復元路上常見的陷阱、崎嶇和路障 281
使用倒後鏡駕駛：嘗試「回到過去」 282
向別人的方向前進 284
日以繼夜地催迫自己：跌入速度的陷阱 289
被低期望拖慢／被自我污名化所羈絆 291
原地兜圈：目的地不明確或缺乏明確目標 299
被病徵拋離正軌 300
駕馭煞車踏板：懼怕失敗及懼怕成功 302
當旅程變得沉悶 306
感覺迷失 307
來慶祝吧！ 308

第十章：中途休息站和旅程提示

需要調整狀態及中途休息站 313
當偏離正軌時，我們再次平衡自己 319
花時間反省和享受此時此刻 324
旅程提示 329

第十一章：復元之旅的超級充電

引言 337
利用創意潛能探索新的路 337
走在陽光之下——培養感恩的態度 346
休息和利用靜觀作深度的充電 355
透過影像化方法，清楚看到自己渴望的改變 356
運動——身體力行 358
用肯定宣言來營造你「已經做到」的感覺 358
培養幽默感以作避震器 365
慶祝 367

第十二章：分享我們復元的故事

引言 375
為甚麼講述自己的故事這麼重要 375
如何開始講述自己的復元故事之過程 383
創作及分享復元故事的階段 387
分享復元故事 390
慶祝 393
持續進行的旅程 394

書末

香港資源參考
作者及撰稿人介紹
各方對《邁步復元路》的評價
《邁步復元路》小組導師指南
運用《邁步復元路》作每日反思

序言及引言

這一章探討這本書關於甚麼及它怎樣助你邁步復元。

튀니지

這本自學手冊適合你嗎？

> ☑ 你有否經歷過精神病徵或其他生活挑戰？
>
> ☑ 你希望改善生活嗎？
>
> ☑ 你有興趣達到復元嗎？

如果你對以上任何一個問題回答「是」，這本自學手冊就適合你了！

即使你從來未想過復元，卻感到你需要作出一些重要的轉變以過你真正想過的生活，那麼這本自學手冊會讓你學到很多！若你只是想探索復元這個概念，又或剛開始正面地邁向復元，這本自學手冊也可以為你開創新的可能！

若你已經開始了復元之旅，這本自學手冊有助你避免跌入陷阱，並找到極為正面和有效的路徑以達成你的目標。

這本書<u>不</u>是你要遵守的一套具結構的「道路規則」，每個人的復元旅程都不同。這本自學手冊能助你發展出內在的指引、自我推動、自我導向及自我成就，令你能到達你想去的地方。

這本自學手冊充滿「旅程貼士」，你可以使用它們去計劃你的個人復元之旅。本書亦提供了很多練習，助你加深認識自己，和使你更有可能獲得你想擁有的有意義、有樂趣和豐盛的生活。

你曾否感到自己的生活並非向著你所期望的方向前進？如是，這本書將讓你對生活產生一種全新的、自主的感覺，以取代以前的感覺。你會有由自己設計的「地圖」，指引你走向一個更正面的未來。

> 「重要的是小徑本身，而非小徑的終點。走得太快，你會錯過旅遊的意義。」
> ～路易斯・拉摩

這本自學手冊是關於甚麼？

跟很多別的復元自學材料不同，這本自學手冊並不著眼於診斷、病徵或治療，而是強調你怎樣運用自己許多的優勢和資源，及去訂立目標和在多個生活範疇中達到復元，例如：

- 擁有家的感覺
- 增進你的知識和教育
- 決定你想做哪種工作
- 跟別人發展你期望的關係
- 改善你的性關係和獲得親密感
- 獲得更佳的身心健康
- 找到享受的康樂活動
- 開展你的靈性及其他重要範疇

這本自學手冊可以跟其他復元方法一起使用，那些方法都強調減輕和自我管理困擾人的病徵。

這本自學手冊引導你完成自我評估、自我發現和計劃的過程，並助你決定自己的人生想往甚麼目標走。你會創出個人願景，設計長遠目標和行動步驟，以朝向你的夢想進發。《邁步復元路》會幫助你運用自己內在和外在的優勢及可用的資源，讓你在復元路上向前走。換言之，這本自學手冊是關於活出更豐盛和更愉快的人生！

「千里之行始於足下。」
～中國諺語

如何使用這本自學手冊

在《邁步復元路》，你是積極主動地走上復元之冒險旅程，並從前人的成功經歷中學習。這本自學手冊，有點像一間旅行社或一位導遊。透過閱讀本書及完成當中的自我評估和練習，你會為自己的益處而變得更主動積極；當你完成每個部分，你會建立起使你的旅程成功的所須知識、技巧和計劃。探索和認識自己和你的夢想，需要循序漸進地行動，尤其是當你有一段時間沒有主動地為自己作過重要決定。

你匆匆翻閱這本書時，可能覺得優勢為本的復元模式看似容易，可能你會想跳到較後的篇章。這本自學手冊是一章一章加上去的，所以使用這個資源的最好方法，是從頭開始，貫徹始終。當然，並非每個人都要沿著擺在面前的路而走！你可以找一個你感興趣的部分去做。

這本自學手冊可能令你有點吃不消！不過，只要按你自己的速度逐頁完成，你很快便會就自己的人生作出重要的選擇。其他人也可能像你一樣在最初感到非常恐懼或不知所措，但在開始訂下目標並鍥而不捨地完成之後，都證明了優勢為本的復元模式是有效的。在復元路上，有很多人會跟你作伴。

這本自學手冊可以成為未來數年的資源。

- 你可以做書中的練習，然後開始做你已計劃好的事情，在向前行的同時，再回去重溫那些你之前做過的部分。
- 偶爾重溫自學手冊對你有幫助和激勵作用，讓你看到自己已完成的部分，並把進度記錄下來。
- 這自學手冊能成為你的旅程的永久記錄。
- 藉此自學手冊，你認識自己更多，並想跟一個你可信的、與你同行的服務提供者（即個案經理、治療師、護士、精神科醫生）分享書中的資訊和練習。這自學手冊記錄了非常私人的自我發現資料，應該只在你感到安心透露時，才與人分享這些個人資料。
- 完成這本自學手冊之後，你可以不時重溫當中的鼓勵、支持建議和認同，並更新你的個人復元目標和計劃。

天下沒有一種魔法藥水是你吞下之後能使你復元成某個理想狀態。世上也沒有一條通往成功的捷徑或無人涉足的秘密通道。復元是一個長途旅程，需要你投入和堅持。很多人正因為專注地運用其優勢，致使不斷往前並即將達到復元。

請承諾去完成這本自學手冊，去認識自己更多，並於今天在你獨特的復元路上踏出細小的一步吧！當你向前邁步時，你會感覺更好、更健康，並對生活更滿意。

> 「不管你能做甚麼，或夢想能做什麼，開始去做吧。膽識中有天賦、能力和神奇的力量。」
>
> 〜歌德

找一個地方去使用這本自學手冊

這本自學手冊，是以個人方式去開展或繼續走復元之路。找一個你不會被打擾的地方去開始使用這本自學手冊。這個地方可能是你睡房的一角、一間咖啡店、公園某大樹下你喜愛的長櫈，又或是公共圖書館某角落的椅子。你需要一個寧靜的地方，讓你在思考你的感受、作決定和做書中的練習時，可以感到放鬆和舒適。

設下特定的時間去做練習

設定一段特定的時間去做這本書的練習，免得缺乏時間成為一個障礙。大部分人為別人負起很多重要的責任，有很多必做的工作和必赴的約會，致使我們沒有足夠時間留給自己。一邊廂，鑒於眾多互相競爭的優先事項，我們往往把自己的事排到最後；另一邊廂，我們可能自覺沒有力量去承擔新的事情。無論如何，現在是時候去將自己及復元擺在最首要的位置，並要相信我們是有能力去選擇如何運用自己的每一天！

千萬別說：「我會在今個月稍後才開始這本自學手冊。」約定自己並制訂一個計劃去閱讀這本自學手冊和做練習。以下是一些人「找出時間」的方法：

- 在早上喝咖啡或茶的時候閱讀自學手冊和做練習
- 放棄一個電視節目並使用那段時間
- 在每個周末（即星期日早上）找一至兩小時用於這個過程
- 使用你部分午飯時間
- 用一本周記簿或日曆，在一星期初記下一些你會閱讀自學手冊的日子和時間
- 將閱讀自學手冊與你一天中享受的時間連繫起來。例如，若你晚上習慣遲睡，那便在你睡前一小時寫寫你的個人復元計劃

每星期定下一些時間去閱讀、思考和完成你的自學手冊。你為復元計劃投入時間是會得到回報的，那就是你為自己開創的一個更豐盛的人生。

向自己許下承諾

《邁步復元路》自學手冊是特別為你而著的，它全是關於你的意見、你的想法和你的感受。這本自學手冊該會體現你最深的願望、價值觀、盼望和信念。

你走的路會反映你的獨特性。為了令這自學手冊有果效，並讓你邁步向前、盡展所長和成長，你要對自己坦白和真誠。忠於你內裡的自己或「真實性」，有助你加深認識你自己、你曾經和現時身處的地方，以及你真正想去的地方。

- *你值得照顧自己*
- *你值得將你的生活放在首位*
- *你值得學習、盡展所長和成長*
- *你值得為你的生活作出選擇*
- *你值得有選擇*
- *你值得實現你的個人目標*
- *你值得為每個進度而慶祝*
- *你值得感覺到煥然一新*
- *你值得復元！*

對於與人分享這本自學手冊，你或須設定清晰的界限，最好只跟你信任的盟友和支持者分享你所寫，而不用將你寫的給任何嘗試阻礙你的進度的人看。找那些支持你復元的人吧！

> 「在希望不費力去做任何事之前，我們應先學會做事勤奮。」
> ～森姆・莊遜

為你使用自學手冊時所作的每個進度而慶祝

很多篇章的最後部分，都有一些慶祝你的進度的提議。嘗試一些建議的活動，並建立你慶祝復元進度的方法。你在復元旅程中所作的每一步，皆值得你感到非常驕傲！

篇章格式

本書的大部分內頁設有很闊的空白欄。你可利用那些空間加上筆記、跟進事項或你的個人反應和想法，而每條問題亦設有答案欄。不過，若你的字體較大或你需要更多空間，你當然可利用另一本記事簿作為輔助。

為協助你進一步探索每一章的內容，每章的最後一頁均列有參考書、資源等資料，你亦不妨在該清單中加上你自己的資源。

小組支援

你是否希望與一班支持你的朋輩一同實踐這本自學手冊裡的概念？

如是，請參考書末的聯絡資料，他們都是一些曾使用這本自學手冊的支援小組。

給精神健康服務提供者及其他支援者的特別須知

若你是一位精神健康服務提供者，又或你相信你的朋友或受助者會對復元感興趣的話，這本自學手冊也可能幫到你。

如何使用《邁步復元路》自學手冊

- 使用這本書作為你協助復元人士的資源。

- 將這本書送給你支援的復元人士以鼓勵他們復元。

- 花點時間陪伴復元人士閱讀和練習這本書的內容。

- 支援復元人士去辨識、記錄和發展他們的優勢。

- 使用《邁步復元路》個人復元計劃去幫助復元人士制訂目標。

- 協助復元人士取得資源以達成他們的目標。

- 利用每章最後的延伸閱讀和資源列表去增進你的知識。

- 別嘗試支配復元人士的復元過程，亦不應強制他們使用這本自學手冊的材料！請謹記，復元是建基於自我負責和充權！

- 跟同事和其他支援者分享你從這本書學到的資訊。

「你需要勇氣去推動你去一些自己從未到過的地方……去測試你的極限……去突破障礙。」
～阿內絲‧尼恩

「正規的支援是我復元的支柱。跟這些支援保持聯繫 有助我建立復元所需的技巧。」
～嘉倫‧庫克，堪薩斯

第一章

「優勢為本的復元模式」簡介

本章會簡單介紹「優勢為本的復元模式」的基本概念,包括復元的定義和精神健康服務使用者運動的簡史。

甚麼是「優勢為本的復元模式」？

本自學手冊是根據「優勢為本的復元模式」而制訂，從一個嶄新的角度去思考精神健康及復元的課題，並以精神健康服務沿用超過十五年的「優勢模式」的基礎發展出來。研究顯示，「優勢模式」能有效幫助復元人士訂立個人復元計劃及達成個人目標，提升生活質素，並成功地實踐他們期望的社會角色。此外，也有研究指出，「優勢模式」能減低因精神健康問題所引發的入院次數 (Rapp, 1995)。

時至今日，在精神健康服務中，很多服務提供者都已接受「優勢模式」的培訓，使他們能有效地與復元人士合作。

- 「優勢模式」與其他精神健康服務和計劃不同，它的重點不放在病徵、問題或診斷上，相反是著眼於個人的整體性，和擴展個人「好」的部分。

- 「優勢模式」幫助人發現及運用他們內在的強項及外在環境的優勢，從而由困境中重新站起，開創理想的生活。

- 曾受精神問題困擾的人能透過擴展個人優勢、確立個人志向及目標、識別及運用親友及社會資源，重新建立更完整及滿足的生活。

- 「優勢模式」推崇個人與生俱來的成長潛能，和個人在逆境中尋求痊癒、意義及完整性。

> 「我們不能選擇自己的膚色、誰是我們的父母、或我們是富或貧。我們有的選擇是，人生在世，我們能從生命中成就甚麼。」
>
> ～密爾德・瑞泰勒

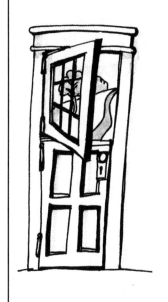

現在，復元人士、朋輩支援員、「優勢模式」教育工作者、研究人員和服務提供者集結力量，一同將「優勢模式」內的寶貴資料及有關復元的最新資訊送上給你。

我們相信，把「優勢模式」融入個人化自學計劃內，會成為你策劃和踏上復元之路的重要工具。本自學手冊將「優勢模式」的重點及有關復元的重要知識結合，成為全新的「優勢為本的復元模式」。

作者希望透過提供有關「優勢為本的復元模式」的資訊，讓你更能掌控自己的生命，並使你獨一無二的復元之路更為成功。

你可以從「優勢為本的復元模式」的過程中獲得甚麼？

本自學手冊會引導你經歷一個重要的自我發現和決策過程。

- 你會更留意自己的價值、文化資源、才能、希望、承諾及志向。
- 你會更清楚自己生命中最重要的是甚麼。
- 你會為自己訂立長期和短期的人生目標 — 這些目標能反映出甚麼對你才是最重要。
- 你會計劃邁向理想生活的路徑。
- 你會建立一個循序漸進的計劃，引導你一步一步地走向復元。
- 你會發現一些可用的資源幫自己達到目標。
- 你會為自己邁向理想生活的每一小步充滿欣喜。

> 「要克服負面情緒以及所伴隨的無能感，充權（Empowerment）是很重要的，因它能給予個人和群體力量及信心做決定和掌控自己的人生……我發現當我能更掌控自己的人生時，我不再那麼容易受壓力、焦慮及伴隨之症狀所影響。」
>
> ～埃索・雷特

甚麼是復元？

復元是精神健康服務中的一個不可擋的趨勢。「復元」一詞，是用以形容人在經歷了長期精神病困擾和挑戰後，所發生的眾多正面改變。

在現時精神健康服務中，不同背景的人包括復元人士、研究人員，及這界別的領袖對「復元」有著不同的定義，以下是較常用的兩種：

> *復元是一個過程、生活方式、一種態度及應對挑戰的方法......在過程中，我們需要去面對殘疾所帶來的挑戰、去超越限制、重新建立有意義的嶄新目標，並找回自己的價值。*
>
> *柏翠西亞・迪根*
> *美國朋輩領袖*

> *復元是一個非常個人化和獨特的過程，當中會改變人舊有的態度、價值觀、感受、目標、技巧或角色。即使疾病可能帶來挫折和局限，但人仍能在逆境下活出有意義和有價值的人生。復元使人慢慢成長，並戰勝疾病帶來的負面影響，從而找出新的人生意義和目標。*
>
> *威廉・安東尼*
> *波士頓大學精神病康復中心總監*

「世上有多少人，便有多少種生活和成長方式。」
～依芙蓮・蔓德爾

第一章

以下結集了1999年在美國俄勒岡州舉行的美國精神康復者和倖存者國家高峰會中,就「復元」提出的定義:

> 復元對我有甚麼意義?復元——讓我重新找到希望,令我自覺是個有用和可以被依靠的人;讓我發揮所長、幫助別人和貢獻社會;讓我有積極的態度,不再自覺是受害者,反而能超越過往的經歷;讓我與造物者及他人連繫;讓我對自己的生命負責、管理自己的生活,從而活出意義。復元也是一種內在醫治,讓我享受生活,感到靈性上的滿足,懂得寬恕和幫助別人,相信自己,應付生活中各樣的挑戰,以及實踐目標與夢想。
>
> ～舒娜・希爾
>
> 復元意味著即使我的聲音如何微弱,我也能隨心所欲地唱歌。小時候我受盡欺凌,媽媽說我的聲音實在太難聽,令人難以忍受。此後,無論我在教會或私底下也不再唱歌了,免得我的聲音趕走所有人。過往一年,在朋友的支持和自己的努力下,我感到內心再次充滿自由,能夠在家放聲歌唱。我知道自己正在復元的路上,因為我會以歌聲來展開每一天。能夠自由地唱歌,就是我復元的重點。
>
> ～無名氏
>
> 復元是一種內在醫治,讓我接受自己的所有;無論有沒有病徵,也能夠好好地生活,擁有自己的夢想、目標和成就,並且能妥善地管理自己。在社區中過著有價值的生活,與社區人士互相接納及支持下,一同為社會作出貢獻,享受生活。
>
> ～雪麗・布萊索
> 堪薩斯州

「希望,讓你感到這一刻的感覺不會是永久的。」
～珍・吉爾

「人到了谷底便能反彈。」
～心靈戰士蔡莎

對你來說，復元又是甚麼呢？

> 「我們用自己的生命去驗證真理。」
> ～釋一行

本工作冊的其中一位作者 Priscilla Ridgway 在研究中聽到了很多復元人士的生命故事後，把「復元」的定義歸納出下列四個 (Ridgway,1999)：

從不同的生命故事歸納出復元的定義

- 復元是一個持續地自療和轉化的過程。

- 復元是即使面對精神病的經歷和病徵帶來的挑戰，也可以重新正面地看待自己。

- 復元是積極地管理自己的生活和精神健康，逐步控制精神病症狀，建立健康的生活模式，及提升身心健康。

- 復元是超越了單單接受精神健康服務，進而重拾自己的角色與生活。

> 「世界上有兩種人：那些認定事情不可能發生的人，和那些努力使事情由不可能變成可能的人。」
> ～奧斯卡‧王爾德

復元是新的概念嗎？

雖然一直都有情緒/精神病患者復元，但至近年為止，精神健康服務系統才留意到這個事實。

當接受服務時，我們常被告知這是個終生的疾病，並說我們沒有機會復元；當我們真的復元時，卻會有人說我們當初被誤診了！

對於你有多大機會復元，你聽到些甚麼？

> 「當我們散發出光芒時，我們會不自覺地影響別人起而效尤。當我們擺脫了自己的恐懼，我們的存在會自然地解放了別人。」
> 〜尼爾遜・曼德拉

從前我們缺乏復元的榜樣。我們當中已經復元的人，大部份都會停止參加正規課程，刻意隱瞞自己曾接受服務的經歷，更不會公開討論自己的復元經驗，以免受污名 (Stigma) 影響。即使是服務提供者，也會隱藏自己曾受情緒困擾、有精神病症狀或精神病治療記錄等事實。然而，這些情況正在改變......

從前精神健康服務系統素來只致力穩定病徵，和控制較嚴重患者的病情，並且斷定我們有永久殘障。然而，這些情況正在改變......

從前我們當中很多人一直被看為不可能繼續成長、學習和好好的擔當重要的社會角色，相反被期望去擔當「病人角色」。「病人」這角色教我們將人生重要的決定交託給專家，使我們變得被動，使我們被逼接受殘疾的標籤，以及生活在主流世界以外。然而，這些情況正在改變......

你在「病人角色」中曾有哪些正面和負面的經歷呢？

原來我們一直不知或忽視了許多復元人士／服務使用者成功的復元故事！

現在，復元模式逐漸備受重視。過來人、家屬、倡導者、服務提供者及計劃總監均在集中力量，以推動復元為首要目標。

越來越多倡導者、服務提供者及計劃總監都曾是過來人。因著自己面對不同精神病症狀以至復元的親身經驗，我們當中很多人已成為榜樣，去幫助其他人復元。

我們發現有很多方法去改善自己的生活和精神健康，並發現朋輩的支援、彼此幫助，在復元路上十分重要。

我們正在參與以復元為本的課程，這些課程幫助我們在社區裡生活、工作和學習。我們現再擔當應有的社會角色，如：住客、學生、朋友、親密伴侶、父母和僱員。

我們正採取更主動的角色去設計自己的療程，嘗試各式另類和輔助療法，並對自己的身體和精神健康負起更多的責任。

復元課程／活動鼓勵我們對自己的服務更加主導，作為最重要的持分者，我們的意見正備受尊重。

在你居住的地區，有甚麼推動復元的轉變正在發生？

「新的一天帶來新的力量和新的想法。」
～埃莉諾‧羅斯福

「到處都是有待你發掘的機遇，不要原地踏步。」
～嘉芙蓮‧尼爵瑪濟

復元與抗逆力

當人面臨逆境或挑戰時,仍能繼續好好地過活,則可稱得上富有「抗逆力」。此外,當人經歷重大的創傷或壓力事件後,如能重新振作乃至復元,便是由於抗逆力起了作用。

原來大部分人都會想盡辦法走出逆境,以期望一路過著充實及完整的生活。

- 當我們學會不同的應對技巧、各種抗壓或控制病徵的方法,精神病症狀和問題便會減輕。隨著時間,我們的病徵會減少,會完全消失。

- 我們不再需要成為全時間服務接受者,不再讓殘疾成為自我身份的核心。我們建立了有規律的生活、並非以精神病為重心的日常生活。

- 面對壓力時,我們不再變得軟弱,找到更好的方法處理生活中的壓力事件。當壓力臨到,我們會變得「剛強」。

- 我們克服自我孤立的傾向,不再從社交關係中退縮,發展出正面、互相支持的社交關係,從朋輩支援、親密關係和助人歷程上找到滿足感,也不再那麼依賴助人者的指導。

- 我們回到工作崗位,並參與其他對社會有貢獻、有意義的活動。

- 我們的生活變得更有盼望和更具意義。

每個人都有自我調節的能力,在經歷重大壓力、問題、創傷或疾病之後,能使生活回復平衡。有些人生來抗逆力較高,較容易適應,克服困境,重新站起來和痊癒。

> 「當我們被有深層意義的目標、希望實踐的夢想、要表達的真愛所推動,我們才算真正活著。」
> ～格雷・安達臣

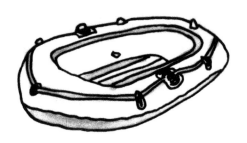

然而，每一個人也可學習抗逆力好的人所用的方法和態度，來提升自己的抗逆力。其實每個人都有一定程度的抗逆力，推動我們痊癒，不然的話我們不可能走了這麼長的人生路。我們只需認識自己和身處的環境，尋找內在和外在的資源，以支持我們重建新生活。

到目前為止，有哪些內在和外在的資源，曾經幫助你走過人生中的種種困難？

是甚麼推動你繼續走下去而不放棄？

研究指我們有多大機會復元？

普遍認為長期精神病患者是不能復元的，但來自世界各地的調查顯示，這個觀念其實是個謬誤。相比許多傳統的精神健康工作者，無論是短期或長期的研究結論，對復元的可能性更抱有希望 (Sullivan, 1994)。

來自世界各地的研究顯示，我們能夠復元的機會率高於百分之五十。這是千真萬確的！縱然人家說我們完全沒有機會復元。即使精神健康課程和服務系統並非為幫助我們復元而設計，但復元仍可發生 (Harding, Zubin & Strauss, 1987)。

有一個關於復元成效的長期研究，對象是佛蒙特 (Vermont) 某州立醫院裡的一班長期住院人士。由於他們對藥物毫無反應，院方唯有在他們接受一個標準的復康計劃後，容讓他們出院。研究人員繼續觀察他們，發現當中大部分人再沒有入院，能夠與人保持良好的關係，從事有意義的工作，而且甚少出現持續的病徵 (Harding, Brooks et al., 1987)。

其他來自美國、瑞士和日本等國家的研究，也發現大部分患者隨著時間而復元。事實上，所有在世界各地進行的追蹤研究，都發現大部分患者會復元 (Jimenez, 1988; Harding, 1988; Hubert, 1980)。

有一半至三分之二的情緒/精神病患者，即使當初被斷定為復元無望，又或是得到很少甚至沒有任何支援去面對復元的種種障礙，但他們最終也會復元 (Harding, 1988)。

現時，我們開始得到更多正面的資訊、榜樣、支援系統，以及有助復元的服務，期盼更多人可以復元！

「淚水和汗水都是鹹的，但它們帶來不同的結果。淚水帶來同情；汗水帶來轉變。」
～杰西・杰克遜

第一章

1999年，美國衞生局局長 (美國衞生及公共服務部，1999) 建議所有精神健康服務系統應以復元為主導，原因是當服務改為支援復元及關顧創傷為本，障礙便得以消除，加上有關抗逆力及復元的資訊漸趨普及，復元人士的比率勢必增加。

> ### 我在復元旅程的哪一點？
>
> - 進行以下的自我測試，看看你正處於復元路上的哪一點：
> - 我從未想過自己會從精神病的症狀或經歷中復元。
> - 我不覺得自己需要復元。
> - 生活中有許多事情正在發生，我現時不會考慮復元。
> - 我正在考慮復元，但仍未決定採取行動。
> - 我已決定要復元，但仍未開始行動。
> - 我曾踏上復元之路，但現正遇上挫折。
> - 我正在積極地投入復元。
> - 我感到自己已經完全復元，現在要好好地保持這成果。

「不管路走了多遠，錯了就得折返。」
～土耳其諺語

「你的所在地就是你的起步點。」
～無名氏

十三年前，我被診斷患上精神病，這改變了我的一生。我曾經失去自我，失去精神病以外的身份，我唯一的身份就是——精神健康服務使用者。污名、與病徵掙扎、藥物治療、住院治療、羞恥、恐懼以及缺乏自信，這一切都把自己困住，令我絕望。此外，在家庭及社區裡生活的壓力——包括誤解、錯誤的教育、歧視和恐懼讓我痛如針刺——這些都讓我感到前途一片黯淡。

那時候，我不認識何謂「復元」，只懂得以出院及不使用治療設施的時間多久來衡量我的復元進度。此外，保留我孩子的監護權、自我管理財務、住在自己的地方，以及到精神健康日間中心，也是我用來衡量成功復元的標準。

對我來說，人生的轉捩點就是認識了一些重要的人，他們看見我病以外的其他內在特質，並鼓勵我說出夢想和盼望。透過這些支援、鼓勵、自主自決的過程，我展開了復元之旅。

跟十三年前不同，我們現在採用「復元」一詞。從復元的角度，我學會重整人生的焦點，並懂得恰當地看待疾病。我現在能承認自己其他的社會角色——包括女兒、妻子、母親、教友、倡導者、僱員和朋友。

復元讓我明白在這些角色中擁有選擇權，超越了我的精神病，更為我開拓了一條尋找機會和作新嘗試的途徑。

最重要的是，復元帶給我希望——一個可信賴的希望——我可以自行規劃未來。這個希望的背後包括：靈性信仰、教育，以及一個由朋輩、同事、家人和精神健康專業人士組成的支援系統。

復元是能感染其他人的！我學會的概念亦令我的孩子、家人和朋友得到力量。我對自己的感覺好了，也滿意了。當我愈發接納自己，身邊的人也更接受我。

我覺得復元之所以能改變人，是因為它給人一種互相交流的語言——理解。大多數人都經歷過復元，如從災難、死亡、離婚、失去財富或工作等人生經歷當中復元過來，或正在復元當中。最重要的是，復元讓服務使用者面臨一個挑戰，就是不將自己局限在疾病中。

我相信復元給我和朋輩們一個簡單的訊息……污名和舊信念應該停止了。是時候去主宰自己的生命，是時候真正地活！

～雪麗・布萊索
堪薩斯朋輩支援員

復元運動的基礎是甚麼？

很多因素正在使我們對精神病改觀，明白到即使被診斷之後，還是有機會有正面的改變。這些因素包括：自主的自我照顧以至科學實證，全都支持精神復康改以復元概念為本。

醫療服務以服務使用者為本

整個醫療服務已發展成「以服務使用者」為本的方針。我們不再被動地接受醫療服務，精神病或其他疾病的患者現在擁有更多權利——我們有權知道接受甚麼治療、有利之處及風險，或有甚麼其他選擇，在任何情況下我們有權選擇接受或拒絕治療。

現時日趨重視長期病患者的自我管理或自我照顧。我們須幫助自己控制和減輕疾病帶來的影響，如：過重、心臟病及糖尿病。對大部分長期病患者而言，相比自決、人際關係、態度以及日常生活方式，區區數小時的專業治療對我們的生活質素影響較少。由此可見，自我照顧和自己管理身體與精神的健康是十分重要的。

現時日趨重視日常生活方式和身體及精神健康的相互影響。我們決定如何生活，對我們的健康有極大的影響。我們每天作出的抉擇，不是幫助我們保持健康和促進痊癒，就是令身體或精神健康惡化。我們對自己的健康實在責無旁貸！

越來越多人使用輔助及另類的治療。許多人發現這些方法，如：參加支援小組、食得有「營」、做運動和減壓技巧、靜觀、交朋友、從事有意義的活動等，當中有些似乎能直接有助我們改善身體和精神健康，而其他則間接促進健康。在許多情況下，我們發現當著手改善身體健康時，精神健康也會改善過來。

> 「每當一個人為捍衛一種理想挺身而出，或為造福他人而採取行動，或為對抗不公義拍案而起時，他必牽起一輪微小的希望漣漪。像一石擊起千重浪，這些源自無數能量與勇氣的漣漪，彼此交錯並形成一股洪流，終會沖垮最強大的壓迫和抵抗的巨牆……」
> ～羅拔‧甘迺迪

> 「跟其他人一樣，我們需要掌管自己的生命、為自己著想和表達自己的意見。」
> ～阿道夫‧拉特茲卡
> 殘疾維權人士

殘疾人士權利

殘疾人權利運動已改變了我們對殘疾人士的看法。這個運動清楚說明，任何有助肢體傷殘人士和精神病患者積極投入生活的機會和支持，往往比他們的個人情況更為重要。這個運動讓我們知道，只要有適當的資源和支持，殘疾人士可以活出積極的人生，為社會作出貢獻。

殘疾人權利運動於七十年代開始產生重大影響，在此之前，有很多患有嚴重殘疾的人被社會隔離，我們被迫在封閉的精神病院度過餘生。基於法律及道德責任，現今社會承認須為所有群體提供一個無障礙環境。殘障人士包括精神病患者，有權在社區裡充實地生活。我們有權享有合理的住所，以協助我們在工作和其他生活範疇中取得成功。

過去，殘疾人士常被視為小孩而非成人；我們的人權常被侵犯，而非被維護。我們不受尊重，以致尊嚴受損，即使作重要的決定，我們也不能參與。

殘疾人權利運動提升了殘疾人士對政策制訂和議決的參與，亦增加了對基本人權、公民權利和法律權利的關注。這個運動其中一個重要口號是「與我們有關的事，不可沒有我們的參與」。事實上，這範疇已漸漸加強推廣自主照顧，和由朋輩提供的服務。

在精神健康界別，復元人士／倖存者運動使我們越來越關注自己的權利，朋輩支援工作員籌辦的課程也有所增加。這些運動的帶領人成為復元的典範。近年出現了新一代具親身經歷的朋輩支援工作員，他們致力籌辦精神健康課程，成為復元的榜樣。

實證為本精神復康服務

新一代的精神健康服務，如輔助宿舍、輔助就業和支援教育，證實能有效地幫助我們活出住客、學生和僱員等角色。越來越多研究顯示，能夠適當發揮社會角色的重性精神病患者，人數比例相當之高，可見精神病患者不能復元的說法，已完全不可信。

「除非自己拱手相讓，別人無法奪走我們的自尊。」
～聖雄甘地

「平等權利並非特殊權利。」
～殘疾權益口號

復元及優勢為本

我們知道,當我們注視自己的優勢、希望和抱負,以及身邊正面的資源,而不是著眼於自己的問題、精神病症狀或缺失,我們復元的機會便會提高。不少人曾描寫優勢對整個復元過程的重要。以下是來自美國加利福尼亞州一位朋輩支援工作員領袖杰‧馬勒的分享:

> 當我們開始感到更有自信時,我們開始承認自己的確擁有不少優點。人不是一組精神病症狀,也有許多天賦、優勢和內涵。我們擁有跟家庭、朋友和支援者的重要關係……當我們逐漸肯定自身和周邊環境的好處,我們才明白到自己可以藉由這些內外資源和力量邁向復元,而精神病對我生活的影響和支配亦會慢慢地減少。
>
> ～杰‧馬勒

當踏上復元之路,我們發現自己跟環境和其他人的互動,有助於我們向前邁進。再說,我們身邊有許多強大的支援。

或許最重要的是,許多希望和治癒力量源於我們自己。基於自身擁有的資源,我們可以更好掌管自己的生活,及擁有積極的未來。

第一章

「當人們說你做不到某些事情,你會有點兒想嘗試一下。」
～參議員 瑪嘉烈‧采斯‧史密夫

「透過每一次你真正停下來正視恐懼的經驗,你會獲得力量、勇氣和自信。你必須做你認為做不到的事。」
～埃莉諾‧羅斯福

小心「復元衝擊」！

有些人閱讀本章時，對優勢和復元這些概念感到新鮮，因為這些概念與他們對世界和對自己的看法有很大分別。對於整個復元概念，以及自己正面改變的潛能，他們感到十分興奮。不過，興奮並非唯一的感覺！有些人覺得他們的世界傾斜了，自己就像突然進入超速狀態，好像被捲進一個新的空間。他們用「復元衝擊」來形容這種感覺！

有些人自覺坐上了情緒過山車──對復元的前景感到非常興奮，滿腦子都是新的概念，但卻有點害怕；有些人則會因為人們沒有早點告訴他有關復元的資訊而感到極度憤怒！這般混雜的情緒真令人難受！

「欲平天下者，必先修其身。」
～聖雄甘地

「不是老在大聲咆哮便是有勇氣的表現。有時候，勇氣到頭來只是一句悄悄話：『明天我會繼續嘗試。』」
～瑪麗安・麗麥克赫希

你對於復元概念有甚麼感覺？

若你有這混雜的心情，其實你並不孤單。一位來自美國緬因州的著名朋輩支援研究員露芙・拉爾夫指出，踏上復元旅程的人百感叢生，如：決心、恐懼、抵抗的意欲、浴火重生和憤怒，這些情緒都有助我們加快向復元邁進！

復元承諾

我承認我正在復元中。

我相信被確診患有精神病不是我的全部。

我相信復元的原則是……每個人的旅程都是獨一無二的,須靠意志走出每一步。這是一個自己主導的發現過程;這旅程未必會一帆風順,甚至偶有挫折來襲,所以我需要付出努力、耐性和勇氣。

我相信復元的精髓在於每個人都可以活出豐盛的人生,並以公民的身份投入社區。

我明白教育和自我倡導是我復元的關鍵。

我相信家庭、朋友、服務提供者及朋輩攜手合作,建立一個滿載希望的社群是重要的。

我會努力去支持其他在復元路上的人。

我相信透過盡情地享受生活,並與他人分享我的復元故事,我便可以創造自己的未來。

本復元承諾是一所由朋輩支援者組成的機構S.I.D.E., Inc.之總監雪麗‧布萊索,以及她的朋輩為一個復元小組而制訂 (節錄自Patricia E. Deegan, Mary Ellen Copeland 及Priscilla Ridgway之著作。)

 參考資料及資源

參考資料

Anthony, W.A. (1993). Recovery from mental illness: The guiding vision of the mental health service system in the 1990s. *Psychosocial Rehabilitation Journal, 16*(4), 11-22.

Chamberlain, J. (1990). The ex-patients movement: Where we've been and where we're going. *The Journal of Mind and Behavior, 11*(4), 323-336.

Chamberlain, R., & Rapp, C. A. (1991). A decade of case management: A methodological review of outcome research. *Community Mental Health Journal, 27*, 171-188.

Cohler, B. M. (1987). Adversity, resilience, and the study of lives. In E. J. Anthony & B. M. Cohler (Eds.), *The Invulnerable Child* (pp. 363-424). New York, NY: Guilford.

Deegan, P. E. (1988). Recovery: The lived experience of rehabilitation. *Psychosocial Rehabilitation Journal, 11*(4), 11-19. Reprinted with revisions in W. A. Anthony & L. Spaniol (Eds.), *Readings in Psychiatric Rehabilitation* (pp. 149-162). Boston, MA: Boston University, Center for Psychiatric Rehabilitation.

Deegan, P. E. (1992). The Independent Living Movement and people with psychiatric disabilities: Taking back control over our own lives. *Psychosocial Rehabilitation Journal, 15*(3), 3-19.

DeJong, G. (1979). Independent Living: Social Movement to analytic paradigm. *Archives of Physical and Medical Rehabilitation, 60*, 435-446.

DeSisto, J.J., Harding, C. M., McCormick, R.V., Ashikaga, T., & Brook, G. W. (1995). The Maine and Vermont three decade studies of serious mental illness. *British Journal of Psychiatry, 167*, 331-342.

Fisher, D. (1994). Health care reform based on an empowerment model of recovery by people with psychiatric disabilities. *Hospital and Community Psychiatry, 45*(9),913-915.

Harding, C. M. (1988). The outcome of schizophrenia. *The Harvard Medical School Mental Health Letter, 4*, 3-5.

Harding, C. M., Brooks, G. W., Ashikaga, T., Strauss, J. S., & Breier, A. (1987). The Vermont longitudinal study of persons with severe mental illness: II. Long-term outcome of subjects who retrospectively met DSM-III criteria for schizophrenia. *American Journal of Psychiatry, 144*, 727-735.

Harding, C. M., Zubin, J., & Strauss, J. S. (1987). Chronicity in schizophrenia: Fact, partial fact, or artifact? *Hospital and Community Psychiatry, 38*(5), 477-484.

Hubert G. et al. (1980). Longitudinal studies of schizophrenic patients. *Schizophrenia Bulletin, 6*, 592-605.

Jimenez, M. A. (1988). Chronicity in mental disorders: Evolution of a concept. *Social Casework, 69*(10), 627-633.

National Summit of Mental Health Consumers and Survivors. (1999, August). Retrieved November 16, 2001, from www.selfhelp.org/plank.html.

Ralph, R. (2000). *Review of Recovery Literature: A Synthesis of a Sample of Recovery Literature*. Alexandria, VA: National Association of State Mental Health Program Directors, National Technical Assistance Center.

Rapp, C. A. (1995). The active ingredients of effective case management: A research synthesis. In C. A. Rapp, R. W. Manderscheid, M. J. Henderson, M. Hodge, M.B. Knisley, D.J. Penny, B.B. Stoneking, P. Hyde, & L.J. Giesler (Eds.), *Case Management for Behavioral Managed Care* (pp. 7-45). Rockville, MD: Center for Mental Health Services (SAMHSA) and the National Association of Case Management.

Rapp, C. A. (1998). *The Strengths Model: Case Management with People Suffering from Severe and Persistent Mental Illness*. New York, NY: Oxford University Press.

Rapp, C. A., & Wintersteen, R. (1989). The strengths model of case management: Results from twelve demonstrations. *Psychosocial Rehabilitation Journal, 13*, 23-32.

Ridgway, P. (1999). *Deepening the Mental Health Recovery Paradigm: Defining Implications for Practice*. Lawrence, KS. Office of Mental Health Research and Training, The University of Kansas, School of Social Welfare.

Saleebey, D. (1997). *The Strengths Perspective in Social Work Practice. Second Edition*. New York, NY: Longman.

Spaniol, L., Koehler, M., & Hutchinson, D. (1994). *The Recovery Workbook*. Boston, MA: Boston University, Center for Psychiatric Rehabilitation.

Sullivan, P. (1994). Recovery from schizophrenia: What can we learn from the developing nations. *Innovations & Research, 3*(2), 7-12.

Sullivan, W. P. (1994). A long and winding road: The process of recovery from mental illness. *Innovations and Research, 3*(3), 19-27.

U.S. Department of Health and Human Services (1999). *Mental Health: A Report of the Surgeon General*. Rockville, MD: U.S. Department of Health and Human Services, Substance Abuse and Mental Health Services Administration, Center for Mental Health Services, National Institutes of Health, National Institute of Mental Health.

資源

Back from the Brink: A Family Guide to Overcoming Traumatic Stress by D. R. Catherall (Bantam, 1992).

Building Resiliency: How to Thrive in Times of Change by Mary Lynn Pulley & Michael Wakefield (Center for Creative Leadership, 2001).

Full Catastrophe Living: Using the Wisdom of Your Body and Mind to Face Stress, Pain and Illness by J. Kabat-Zin (Dell, 1991).

Resilience: Discovering a New Strength in Times of Stress by F. Flach (Random House, 1988).

Resiliency in Action: Practical Ideas for Overcoming Risks and Building Strengths edited by Nan Henderson, Bonnie Benard, & Nancy Sharp-Light (Resiliency in Action, 1999).

Resilient Adults: Overcoming a Cruel Past by G. O. Higgins (Jossey-Bass, 1994).

The Gifts of Suffering: Finding Insight, Compassion and Renewal by Polly Young-Eisendrath (Addison-Wesley, 1996).

The Resilient Spirit by Polly Young-Eisendrath (Perseus Books, 1996).

www.resiliency.com
Take a resiliency quiz and find books on resiliency. The website provides links to other resources on resiliency and the opportunity to sign up for a free newsletter.

第二章

為旅程作準備

本章探討「復元ABC」——一些有助我們為復元之旅作好準備的一些態度、行為和思維方式（認知）。

引言：讓我們準備好的「ABC」

本章將探討一些有助我們為復元之旅作好準備的態度、行為和思維方式（認知），主要包括抱有希望和勇氣的態度，尊重承受風險的行為，以及由負面思想轉向正面思想的方法。出發前，我們必須收集所需的基本資源，以支援我們的復元之旅，包括有助我們準備旅程的「ABC」。

A = Attitudes（態度）

態度的重要性

態度決定一切。以下是牧師查理士・史雲杜 (1987) 對態度是何等重要的描述：

> 年紀越大，我越領悟到態度對生活的影響。與過去相比、教育、金錢、際遇、失敗、成功、外表、天賦、技能、或他人的想法及言行，態度更為重要。

> 值得注意的是，在每天的生活中，我們可以選擇以甚麼態度去面對當天。我們不能改變過去、他人特定的行徑及那些無法避免的事情。我們能做到的，只是彈奏好我們手上的琴弦，這就是我們的態度。我確信，生命中10%是必然要發生的事，其餘90%是我怎樣回應。你們也是如此，態度是由自己決定的。

當我們展開復元之旅時，有兩種態度是相當重要的——抱有希望和勇氣。

「每一個意圖能觸發蛻變。」
～狄柏・喬布拉

「我的軌轍深陷至成為了隧道。」
～珠莉・比詩
堪薩斯州

抱有希望的態度

甚麼是希望？

根據定義，希望，是感覺渴望得到的東西是可以得到的，是感覺人生中發生的事情最終會變好，是一種內在的感覺或正面的情緒，令我們相信好事會發生在我們身上。抱有希望，意味我們懷著渴望的心去期待一些東西，並合理地期望這個渴望會被滿足。

你如何對希望下定義？

「別害怕夢想與現實之間的差距。既能夢之，便能成之。」
～碧娃・戴維斯

「沒有希望使人有癱瘓的危險，阻礙他們追尋夢想。」
～當娜・奧雲
當娜在26年內入院30次；她努力取得社會工作碩士，並成為一位復元顧問。

過去或許有人直截了當地叫我們不要抱任何盼望，我們永遠不能再擁有一個豐盛和充實的人生，難怪我們大都陷入絕望當中。若我們相信生命沒有前景，便很難提起精神去為自己的好處做些什麼了。

希望，是提升生活質素和滿足度的重要元素。我們抱有希望或絕望的程度，影響著我們如何迎接挑戰。希望已被證實對人整體健康及生命本身具有正面的影響。研究顯示，抱有希望的心態有助長者延長壽命，亦能提高女性乳癌患者的存活率。相反，絕望對身體及精神健康均帶來負面的影響。眾所周知，希望是達至成功復元的一個重要元素，「復元是可能的」這意念，已經使我們重新抱有希望了。

你抱有多大希望？

人們抱有不同程度的希望。有些人的人生較積極樂觀，有些人則須很努力才能從內心深處找到一絲希望；還有些人未及思前想後，便鼓起勇氣展開復元之旅；出發後，當他們經過時日，親身經歷生活上各方面的改進，便開始獲得希望。

> 我感到我開始掌控自己的人生。我彷彿看見隧道盡頭的光，並希望能到達彼岸。我想這是有可能的，儘管我要付出許多的努力，但至少我看見希望。
>
> ～珍・漢臣，堪薩斯州

如果順境比逆境多，我們自然較易抱有希望。然而，當凡事不順的時候，便很難維持有盼望的心了。有時失望會擊倒我們，要用很大的努力才可恢復抱有希望的態度。有時我們能夠捱過一天，只因我們知道別人對我們還抱有希望。

你經驗過非常絕望的時候嗎？是甚麼令你再次恢復希望？

第二章

「人生總會有些時候是為了追求希望而疲於奔命。」
～《行公義》通訊，由南非萊索托一非政府組織出版

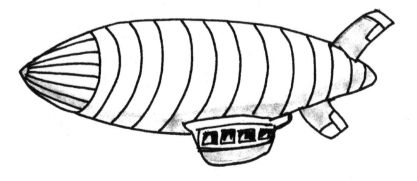

請利用下表，自我評估現時的希望程度。

> ## 希望評估
>
> ### 此時此刻，你抱有多大希望？
>
> ☑ 透過以下各項形容，評估你目前的希望程度：
>
> ☐ 我現在感到絕望。
>
> ☐ 我感覺不到自己抱有多大希望，但旁人卻對我抱有希望。
>
> ☐ 我時而滿懷希望，時而對未來感到絕望。
>
> ☐ 我感到頗有希望，並相信自己會有較好的將來。
>
> ☐ 好事正在我身上發生，使我感到頗有希望。
>
> ☐ 我每天都見到自己的希望得以實現。

「若以邏輯論未來，它確會是一片黯淡。但我們是人，不僅有邏輯，還有信心與希望。」
～雅克・庫斯托

當充滿希望的時候，我們會興致勃勃地計劃自己的未來，也許對未來生活僅有含糊或大致的設想，譬如是「我希望將來活得好」。

希望使我們向前看，並推動我們採取行動。希望蘊含一定程度的未知之數──若凡事都確定，我們根本無須抱有希望。當我們感覺到有希望，我們會興致勃勃地計劃自己的未來。可能我們對自己想要的生活，只有個大概的想法，如：我希望將來有「好的生活」。

> 對我來說，接受別人的讚許是很困難和陌生的。我要學習說「多謝」。一位朋友說那是「正面的肯定」，於是給我一個練習，就是每天寫出十項正面肯定自己的事。我幾經掙扎嘗試，最後將題目改為：別人認為我有的十個優點。這次練習我用了很長時間，也感到很難。但最後我終於看見一絲希望，使我開始感覺有希望和相信自己。
>
> ～克理斯•梳雅，堪薩斯州

第二章

什麼是你人生一般所希望的呢？

「希望不是夢，而是使夢想成真的方法。」
～蘇南斯樞機主教

有些想達到的成就、想做的事、想嘗試的經歷等，它們在我們人生「想做的事」的清單上，例如：在十月前付清一張舊賬單，又或結識一個新朋友。大部分人內心總有好些具體或特定的希望。

在可見的將來，你有什麼具體的希望呢？

「希望有如地上的路；其實地上本來沒有路，但被人踏多了，便成了路。」
～林語堂

若長期受精神病症狀影響，我們實在難以持續抱有希望。美國朋輩領袖柏翠西亞・迪根 (1998) 告訴我們，精神病的經歷和她從服務提供者及其他人口中聽到的負面訊息，徹底粉碎她的世界、希望和夢想。然而，她亦告訴我們，她復元的其中一個重要階段，就是「希望的誕生」。強調希望的出現或重現，對我們的人生十分重要。

我們可以怎樣更新或築起希望？

許多方法可讓我們的前景更有希望：

建立正面的關係

很多復元人士親身分享經歷時，不約而同地談及一些激發他們作出正面轉變的人，特別是那些用心聆聽、嘗試明白他們的人，讓他們感到自己被視為有價值，支持他們及給予他們希望的人。

在你的人生中，誰曾幫助你重獲盼望？又或，當你感到絕望時為你帶來希望呢？

積極地尋求小成就

訂立並達成個人目標有助於建立希望。自視為成功——感覺「我做得到」——會使我們更能掌控自己的人生。

請列出一些當你回想時會使你充滿希望的成就或成功經驗。

> 「希望透過下列方式呈現：看到別人們的優點，而非喋喋不休地談論人家的缺點；發掘可達成的事，而非抱怨無法達的事；把大大小小的問題視作機會；在容易放棄的情況下，鞭策自己迎難而上；燃起燭光，而非只在詛咒黑暗。」
> ～無名氏

希望練習
證明正面轉變是可能的

美國同行支援領袖愛德華‧奈特把希望定義為「知道正面轉變是可能的」。他建議嘗試以下的練習：

選一件你很想做的事，或一個你想達成的小目標，將這件事或這個目標分拆為非常細小的步驟，試做幾個步驟，你就會發現正面轉變是可能的！！如果你不能實行最初的幾個小步驟，花點時間去想想，是甚麼在阻礙你。例如，若你發現自己沒空去完成已計劃的步驟，便要調整一下你的時間表。你會一步一步地建立正面轉變，並將希望帶進生命裡。

請列出數件你在未來幾天將會完成的小事務，你將會添加甚麼到你的小成就系列呢？

> 「希望對復元很重要，因為絕望比疾病更能削弱人的能力。」
>
> ～埃索‧雷特
> 同行支援領袖

與成功的榜樣連繫

我們可以主動尋找那些「抱有希望」的榜樣，包括跟我們有相同經歷或挑戰的人，或那些在某方面取得成功的人。與那些和我們有相同經歷的人連繫，有助舒緩我們的孤寂感。

我們可以通過自助小組、機構通訊、雜誌、互聯網、會議講座或報紙文章找到這些「抱有希望」的榜樣。閱讀鼓舞人心的人物傳記，也會為我們帶來希望。

你視哪些人為你的榜樣呢？為甚麼？

你會怎樣跟他們連繫？

「昂首挺胸！你會成功的！儘管天色有時昏暗，但黑夜過後總有黎明……持守希望！……持守希望！」
～杰西・杰克遜

提升靈性

很多人都知道靈性是希望的重要源頭之一。當我們受苦時，靈性宗教為我們提供了安慰和理解，也給我們行動的指引（如禱告或其他儀式）以醫治我們的絕望感。很多人發現屬靈著作可以振奮人心；加入靈性或宗教團體，也能帶給人歸屬感和希望。

可以怎樣建立你的靈性？

運用其他策略築起希望

以下是更多讓你生命築起希望的方法:

- 令好事發生在你生活中,即使是微不足道的事——換上清潔的床單、為自己沖一杯朱古力、在巴士上向人微笑等。正如每個汽車防撞欄貼紙上印有的標語「隨時實踐美善的行為」。

- 善用幽默感。常言道:「能笑者,則仍有希望。」

- 創作一些充滿希望的儀式,譬如:燃點蠟燭,張貼你的童照,並每天告訴相中的小孩子,你對他/她抱有希望。

- 跟一位朋友協議每星期通電話,互相分享最少一個正面的經歷。這樣有助你留意身邊美好的事情。

- 在身邊擺放象徵希望的東西——一位特別人物的照片、一個圖像或一件物件,任何使你想起希望的東西。

- 想辦法與他人分享希望,簡單如開解失意的朋友、參與支援小組、或由朋輩支援工作員營運的組織。

> *復元給我帶來希望——可信的希望——我可以自己籌劃未來。復元不但使我回復正常生活,還發揮催化作用,使我的生活超越了精神健康的領域。*
>
> ～雪麗・布萊索
> 堪薩斯朋輩支援工作員

「含苞待放的風險終有有一天會比花朵盛開的風險使人更加痛苦。」
～阿內絲・尼恩

希望練習

選擇其中一個前文提及更新希望的策略,或自行構思一個,並具體地描述你會如何將這策略融入你的生活中。

還有其他策略可加強你的希望嗎?

請謹記:希望是有感染力的!將你感到的希望傳遞給其他人。希望能加強你相信凡事都有可能的感覺。「明天會更好」的信念,可以是你個人復元的強大動力!

你今天可做些甚麼,讓其他人感到更有希望呢?

抱有勇氣的態度

抱有勇氣的態度對復元之旅很是重要。當我們想起勇氣，你或會記起《綠野仙蹤》裡膽小的獅子、片語「持守信念的勇氣」，或某戒酒會的信條「敢於改變我能改變的事。」

勇氣一字源自法文「cuer」，意思是「心」。勇氣是一種心理質素，令我們面對挑戰或困難時，不會全然把自己封閉；也是一種即使不知將來如何，仍奮力前進的意志。

勇氣給我們能力去面對「害怕恐懼」。它讓我們向轉變的過程開放自己。勇氣是人類其中一種心靈力量，它使我們能夠面對看似無法克服的挑戰，保持專注及繼續前進。

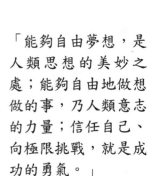

有時我們覺得勇氣不像是勇氣，反而似是恐懼。在復元路上，我們經歷到成長，但若我們把自己封閉太久，即使好的轉變，也會嚇怕我們。當你跟別人分享自己生命的實況時，即使是分享內心深處的恐懼，都會令我們獲得奇妙的力量。我們看見很多人正在克服他們的恐懼，並鼓起勇氣去創造正面的轉變；他們藉著面對眼前的挑戰，把自己從恐懼中釋放出來。我們也可以的！

勇氣，使我們選擇自己的生活，而不是別人替我們選擇生活，也讓我們突破傳統對我們設定的限制。我們不能控制發生在自己身邊的事，但我們卻能以勇氣作出回應。

一位特殊教育的老師創作了以下一首詩，著作把希望和勇氣刻劃得意味深長：

> 「能夠自由夢想，是人類思想的美妙之處；能夠自由地做想做的事，乃人類意志的力量；信任自己、向極限挑戰，就是成功的勇氣。」
> ～伯納・艾德蒙士

> 「勇於冒險是一種富有生命力的態度，它能幫助你成長，使你變得剛強，及意想不到的更好。」
> ～鍾安・確西奧

別說我是個「情緒/精神病患者」，因我已在「旅程」中。

我的「旅程」是一個復元之旅，是我首次對自己的未來抱有希望。

我看似跟你不一樣，但請給我機會，去踏上一條通往未來成功的道路。

別看我是個「情緒/精神病患者」，因我是一個人，並非一個「標籤」。

別稱我為「瘋子」或「黐線」，請給我機會去擁有一種沒有污名的生活。

別看我為一個「情緒/精神病患者」。

我有能力使自己成為一個堅強又勇敢的人。

讓我踏出一條路，以顯出我有能力從人生最艱鉅的路經過。

我的「復元之旅」使我有機會從疾病的痛苦中痊癒，並為自己創造新的生活。

～嘉芙・遜恩
堪薩斯

> 「知道甚麼能令自己快樂，是一個極好的開始。」
> ～露西・波爾

如何建立勇氣？

決意要勇敢起來

建立勇氣的第一步，就是下決心勇敢地生活和面對當前的處境，不作否認或逃避。

為建立勇氣作熱身

建立勇氣的下一步，是在作出任何行動前，為起動向前作熱身準備。有一個令你作準備的方法，是跟那些曾經作出勇敢開始的人聯繫。

你是否認識一些曾勇敢地面對人生嚴峻挑戰和逆境的人呢？

他們做過甚麼勇敢的事去面對逆境呢？

聽聞他們的生命經歷，你從中學會了甚麼？

> 當人照鏡時，不單是看到自己的影像。還會檢查頭髮梳好了嗎？鬍子剃乾淨了嗎？或妝容化得漂亮嗎？卻甚少深入地看。當我照鏡時，我看到的是一個54歲的女士，通常打扮整潔、梳理整齊。當我仔細查看，才驚覺自己正好好地存活和發揮我的角色。當我再看得深入一點，我看到我不單存活著，而且還撫育了三名孩子，並正掌控自己的人生。我找到了勇氣。當我跟結婚32年的丈夫離婚時，我很需要鼓起勇氣去重新開展生活。我知道我願意且有能力獨自外出。我要為自己創建新的生活，並接受自己的過去。當我轉身背向鏡子中的影像，我知道自己已走了多遠，及將來的路有多長。
>
> ～史多美・活和特
> 堪薩斯

第二章

「雖則怕死，但不貪生，這就是勇氣。」
～約翰・韋恩

「成長與活出真我，皆需要勇氣。」
～愛德華・艾斯特林・卡明斯

> 「要獲得內心真正的平靜，勇氣是必須付出的代價。」
> ～阿梅莉亞・艾爾哈特

行一小步、作小冒險，從而建立勇氣

我們可以嘗試接觸新嘗試，卻不被恐懼壓倒。按著自己現有的膽量，作些小冒險。可以找一些使我們感到較少膽怯的事，那可能是跟朋友發生衝突後，害怕向對方說出自己感受；可能是害怕向別人求助時被拒絕；可能是在失業多時後，想找工作的矛盾心情；也可能是害怕在朋輩小組中分享。每個人都有不同程度的勇氣，所以我們應選擇適合自己程度的，然後去嘗試！假若我們嘗試第一次便跌倒，我們可以站起來，揮去身上的灰塵，輕撫一下自己，重新再試！

你今天可以作的小冒險是甚麼？

要作出這個嘗試，你需要甚麼支援或協助？

> 「人生是一件冒險的事，若一個人為避險而築起太多圍欄，最終那人無法享受人生。」
> ～肯尼思・戴維士

建立勇氣過程中，不免經歷恐懼和痛苦；我們要安撫自己，先讓痛苦和難堪痊癒，然後再逐少地挑戰自己，直至有勇氣去面對較大的挑戰。當我們正視恐懼，會發現有些事情或會變得比以往容易，特別是那些以往我們認為是不可能的事，以及那些一直令我們氣餒的事。

與人結伴去建立勇氣

要建立勇氣和去冒險，有時會壓倒我們。此時，可以與那些在過程中能支持我們的人，聯結力量；透過共同努力，各自都會變得更加堅強和勇敢。

若你選擇藉別人的支持去提升你的勇氣,要找一個不會被你的行動結果所影響的朋友。邀請明白你想做甚麼、願意支持你、給予回應而非建議的朋輩。你不需要別人告訴你要做甚麼,或試圖改變你做你渴望完成的事。

選擇一個並非空談,而是切實以行動來關心你的人,這個人願意成為你的支持者及啦啦隊隊長,不會試圖指揮你的行動,並且曾在面對挑戰時展現出勇氣。要坦誠讓你的盟友知道你想達到甚麼目標,對方會為獲邀支持你而感到榮幸的!

在你的人生中有那些人願意支持你,為你增加勇氣?他們是誰呢?

> 「勇氣就是做你不敢做的事。沒有恐懼便不會有勇氣。」
> ～愛迪・里根貝克

你為甚麼選擇他們?他們有甚麼特質,可以成為好的支持者呢?

勇氣可使我們不再做受害者的角色,並開展一個可自由探索新事物的生命。若沒有冒險和勇氣,生命便會枯燥乏味。

<u>你真正害怕的是甚麼?</u>

> 「放膽一試,雖敗猶榮。」
> ～無名氏

第二章

> *你今天願意改變些甚麼？*

「若你想改善人生，你必須承擔風險。不冒險是不會成長的。」
～大衛・威斯葛

願意並抱開放的態度面對自己的恐懼，是我們踏上復元之旅的重要一環。懷抱自己的恐懼、建立勇氣和踏上復元之路，皆是有可能的。我們並不孤單！

B = Behaviour（行為）

有助復元的行為

離開我們的安舒區：尊重個人承擔風險

傳統的精神健康服務，時常不鼓勵我們冒險，以保障精神狀態穩定。我們大都曾被服務提供者勸止嘗試作新挑戰，例如出去工作、繼續學業、建立親密關係，甚或考取駕駛執照。

有關冒險，別人告訴過你些甚麼呢？

「生活充滿未知之數，不知道將來發生甚麼事；明白這一點的時候，我們開始接近死亡多一點。我們永遠不能洞悉一切，有時只能猜想。雖有可能出錯，但仍要不斷冒險。」
～艾莉思・迪・美利

有時，精神健康服務會把我們與實際生活隔離，彷彿使我們活在一個隔絕的世界中。一位朋輩支援工作員 (Charlene Syx(1995)，他曾是（美國）國家精神科醫院病人，寫了一篇文章，名為 (The Mental Health System: How We Have Created a Make Believe World)，內容主要論述精神健康服務系統成為隱形保護罩的趨勢。

她說：
......精神健康服務提供者將人們安頓在一個保護罩裡，跟社區隔開，最終是把他們與未來隔離了......這個「服務罩」既安全又舒適，是度過餘生的好地方，它卻製造了依賴。服務系統往往嘗試在任何時間、為任何人、解決所有問題，然而，他們忽略了一件事——遇到問題和解決問題，本來就很自然，是人生的一部分。

你曾否感到自己被困在「保護罩」裡？你的經歷是怎樣的？

若要復元，我們必須伸展自己去衝破這保護罩，離開個人的「安舒區」才可成長。「安舒區」極為狹小，令我們感覺生命仿佛進入「假死」的狀態。我們或許整天只坐著吸煙，想著為何自己在20歲、30歲、40歲時已從生活中退隱了，想著犧牲自己的夢想和目標以換取害怕失去的傷殘金。我們不想冒險，因為我們擁有的實在很少。

發展性障礙範疇中有一個概念——「尊重個人承擔風險」，美國國家朋輩領袖柏翠西亞・迪根把這概念引進精神健康復元運動中，它提倡冒險是正常生活的一部分。沒有冒險的人生，使我們失去作選擇及從經驗中學習的權利。我們要勇於冒險，因為人生中最高風險的事，就是完全不去冒險。我們可以逃避受苦，與此同時也會失去學習、改變或成長的機會。

對一個人來說是冒險的事，對另一個人來說可能輕而易舉，每個人對冒險的體會都是獨特的。迪根在《Recovery: The Lived Experience of Rehabilitation》(1988)一文中描述，她在復元初期不斷挑戰自己去做許多「簡單而勇敢的行動」，包括駕車和打電話給一位朋友。對一些人來說，攻讀大學課程或重返工作崗位是很大的冒險，而另一些人則覺得起身下床是一個十分可怕的挑戰。

「別讓生活令你感氣餒，所有人今天擁有的一切，都是源自他們昨天所累積的。」
～李察・依雲斯

「敢於走遠的人，才會明白自己能走多遠。」
～湯馬斯・斯斯・艾略特

在復元路上的「錯轉彎」中學習

古語有云：「人生是不斷地嘗試、錯誤，而非嘗試、成功。」

> *我們其中一個最大的資產，就是有犯錯的自由，藉此我們學習謙卑、堅持、敢於冒險、以及更好的做事方法 (Hazelden Foundation, 1991)。*

當開始復元之旅時，我們會發現並非事事順利，但即使在復元路上「錯轉彎」，我們仍能前進。知道自己不想要的，與知道想要的同樣重要。可能我們試過跟別人同住，後來發現自己並不喜歡，寧願獨居或跟寵物一起生活。可能我們試過做工，來汲取工作經驗，但最終發現那並不適合自己的處境。最重要的是我們從那經驗當中學習，而不視之為失敗。

即使我們在復元路上感到迷失，這些經驗都是重要的學習，絕不代表我們已走到末路。

想一想你一次迎接挑戰但不成功的經驗，但藉那經驗讓你對自己或你的目標認識更深的。請在此寫下。

復元是個神秘的旅程。我們無法確切知道它會使我們變成怎樣，或在過程中學到甚麼，但若我們拒絕挑戰，只會窒礙我們復元。因此，我們必須給自己機會，冒險踏上這個神秘之旅。

你認為還有哪些行為，有助你為復元作好準備？

「我們都知道自己需要做甚麼。但是，要面對自己和別人，並要作出改變，則需靠意志、決心以至勇氣。請謹記，你並不孤單！」

～茱迪蒙娜

C = COGNITION（認知）

使我們作好準備的思維方式：
正面的自我對話

負面自我對話的問題

其中一個使我們拖慢進度，甚或偏離復元之路的「最佳方法」，就是持續地對自己說負面的話。這就好像在旅程中，把收音機頻道調校至僅播放惡劣天氣預測的電台，聽著廣播員不停地報道：「預計在前方約一千哩有寒冷的毛毛細雨、積雪、濕滑的路面、山泥傾瀉、強烈的寒風和堵塞的道路，要盡量離開公路。前方能見度低，並有意外發生。」

我們可能已經成為負面的自我對話的專家，以致持續負面的內心獨白成了我們最苛刻的評論員。負面的自我對話可以來自多方面的經驗：

- 它可能來自外面的批評，就是別人對我們作出的負面評價。

- 它可能來自我們過往的失敗經歷、被重要的人背叛、或創傷經歷等。

- 它可以來自不切實際的比較，不斷拿自己跟無法達至的理想作比較，例如時裝模特兒的美麗外表和纖瘦身形，或某位聖人的行為。

- 若我們接受或內化了有關精神病的社會汙名，也會產生負面的自我對話。

> 「如沒有甚麼是可以肯定的話，任何事都有可能發生。」
> ～瑪嘉烈・德拉布

> 「因著你的信念，你真心相信的事情才會常常發生。」
> ～胡禮特

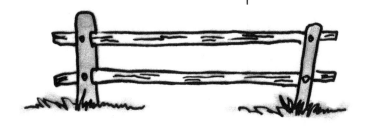

> 「我曾打算買一本書名為《正面思維的力量》,但我接著想:『那本書如何予我有益呢?』」
> ～朗尼・色司

「自我對話」自我評估

☑ 負面的自我對話怎樣影響你?
(請選擇所有適用的)

☐ 早上聽到自己內心負面的自我對話時,我簡直不想起床。

☐ 負面的自我對話使我失去動力作出有需要的轉變。既然事情不能解決,我又何需嘗試?

☐ 負面的自我對話令我難以感到喜樂。

☐ 我常常在心底裡貶低自己。

☐ 為了使自己感覺好一些,我常常嘗試找些原因去批評別人,但到頭來卻令自己感覺更差。

☐ 有時候,負面的自我對話使我不去做想做的事或不去見想見的人。

無論負面的自我對話以何種形式出現,它也可以在我們內心變成一把無情的聲音,阻止我們嘗試在生活中作出正面的改變。

負面的自我對話曾如何危害你的復元?

負面的自我對話可造成的後果

負面的自我對話會使人：
- 身體健康轉差
- 較難在工作上取得成功
- 生活質素下降
- 引致抑鬱症
- 較難建立或維持人際關係

轉移到正面的自我對話

我們如何從負面的自我對話「轉台」，並「接收」較正面的思維方式呢？正面的自我對話可以推動我們去克服艱難的經歷。感覺正面，並把思維轉離負面，有助提升健康的感覺和培養樂觀的態度。

有很多方法讓你從負面轉移到正面的自我對話。以下是你可以嘗試的步驟：

聆聽你的心思意念

留意你心思的習慣，聆聽自己的想法。在一整天裡，留意你告訴自己事情於現在或將來是如何發生的。辨別哪些詞彙構成你的「負面的自我對話」。

- 你有否咒罵自己（例如愚蠢、是個笨蛋）？
- 你有否貶低自己（『我永遠都做得不好』）？
- 你有否猜度別人對你的感覺（『約翰只是裝作喜歡我，當他瞭解我之後便不會跟我做朋友。』）？
- 你有否預測負面的結果（『我會弄得一團糟並遭解僱。』）？
- 你有否「往壞處想」（『我的生活糟透了。要嘗試也十分困難。』）
- 你有否「將事情災難化」（『如果我有另一位室友，他只會像保羅一樣偷我的錢。』）？
- 你有否以偏概全？（『我跟珍的關係那麼差，令我不想結交新女朋友，每個女人都是一樣的！』）？

「你要對自己的能力有信心，然後堅定地堅持到底。」
～羅莎琳・卡特

> 「我不能說事情會因我們改變而轉好；我只能說若事情要轉好的話,改變是必須的。」
> ~喬治・基斯杜夫・利希滕貝格

練習:

我負面的自我對話記錄

經過數天留意你的心思意念後,你發現自己有哪些負面的自我對話模式?

我負面的自我對話模式包括:

停止這個模式!

你已找到自己的負面思維模式,現在可以開始消除或抵抗這些模式。你有許多選擇,既可嘗試下列建議的技巧,亦可自創一個適合你的方法或視覺符號。

- 停止負面思維的其中一個方法,就是把那些負面思維想像成一個人—例如一個討厭的侏儒,他嘗試對你施行咒語。你的任務是粉碎這些負面思維的咒語,才能讓你向前探索你真正的本性。

- 個較簡單的對抗負面思維的方法,就是當你意識到你的負面思維模式出現時,預想一個紅色交通燈號或其他象徵停止的指示,並一心想著「停止」!!!

你會如何停止負面思想？

第二章

「我活在當下。我不知道明天會帶來甚麼。我只知道今天真理對我來說是甚麼，就是我被呼召去完成我獲派的使命。」
～伊戈・史達拉汶斯基

以正面的自我對話取代負面的自我對話

下一步，是積極地以正向思想取代舊有的負面思維模式，方法包括：

- 對抗負面思想的其中一個方法，就是立即以一個相反的想法取代。例如，當你開始想「我做不到！」的時候，便說：「我覺得做這個很容易並且對我有益。」

- 另一個方法是，就有關負面思想去想出一些例外情況，並花點時間加以思索。如果你覺得「我永遠不會成功地完成工作X！」，請想出一些你曾經成功地完成的事，然後告訴自己：「我曾成功地完成Y，所以我也可以成功地完成X」。

- 當負面的自我對話開始出現時，嘗試用一個鼓勵性思想來抵抗之，例如「我愛護和尊重自己」或「我很安全」。

- 你也可以用令人振奮的片語，或按你的信仰作個簡短的祈禱，以取代負面的思想。

- 第十一章關於肯定的部分也有許多實技巧，有助你開始運用正面的自我對話。

「生命是一幅巨大的壁畫，需要我們每個人拿起畫筆並大膽揮毫。」
～荷莉・利亞

你會用甚麼正向思想去抵抗負面的自我對話？

> 「今天是你餘生的第一天。」
> ～阿比·荷夫曼

創作豐富的正向思想

你可以從自助書籍、雜誌、屬靈著作和許多網站收集一些正面和令你振奮的想法，以備日後使用。

> *我收到一本充滿警句的書。書中沒有描述甚麼特別正面的東西，但當中不少警句，卻夠讓我不再自覺是個無價值的人。後來，我發現這些警句在身邊不同的地方出現（雜誌、書籍、其他人），於是開始記錄一些對我有正面影響的句子。不久，我開始製作載有警句的小冊子當作禮物送給我關心的人。我製作得越多，就越能牢記那些警句。後來我發現自己將警句應用在生活中。透過某些警句，我能夠對別人產生憐憫，並同情他們的痛苦。最終，我把警句應用在自己身上，開始欣賞自己及我的耐力。我能夠將負面的思想轉化為一種力量和希望，相信自己是重要的，相信在我生命裡發生的所有事情並非偶然。*
>
> ～貝芙·克萊門特
> 堪薩斯州

> 「沒有人能夠奪去你的未來。沒有人能夠奪去你尚未擁有的東西。」
> ～桃樂西·曉士

我們不能在一夜間建立負面自我對話的詞彙集，而負面的思維也經年月才會在我們的腦海裡縈繞不去。同一道理，要改變固有的負面思維模式也可能會花上一段時間 —— 幾個星期、幾個月，甚或幾年。請堅持下去！

總的來說，不時檢視你的思維模式，看看當中有沒有負面的自我對話；如有，可發揮創意運用想像力停止負面思想，也可用正面的自我對話取代負面的自我談話，並建立一套屬於你的正向思維模式，這些方法都會對你的復元有幫助！

特別計劃

創作專屬你的正面語錄集

我們可以學習貝芙・克萊門特,為自己創作一本收錄振奮警句的小冊子,以支持我們的復元之旅。

貝芙的小冊子收錄了以下警句:
- 「......轉變需要深切承諾,而成長需要的承諾則更深。」
- 「我不知道將來會如何,但我知道誰掌管未來。」
- 「快樂地生活是心靈的內在力量。」

你可以跟著以下的方法去製作一本屬於自己的小冊子:

材料:
一本日記簿或細小的筆記本,以及原子筆或數枝彩色的簽名筆。

參考資料:
具啟發性及鼓勵性的書籍、宗教信仰書籍等

製作方法:
1. 從不同的參考資料,選取一些使你振奮或具啟發性的語錄。
2. 向其他人查詢他們所喜歡的語錄。
3. 將你喜愛的語錄寫在你的筆記本內。
4. 常常閱讀你的語錄,以支持你轉移到正向思維模式。
5. 熟記最重要的語錄,並加以運用以取代你的負面思想。

多次重複上述步驟!

當我們感到有壓力時,負面的自我對話會變得**強烈**;當我們開始留意到自己內心的自我對話,並嘗試改變該思維模式之初,負面的自我對話會**更趨強烈**。這是十分常見的經驗!接受這種狀況並繼續努力,將會對你大有幫助。

第二章

走出「悔不當初」的死胡同，並回到當下

你有否發現自己不時鑽牛角尖，不斷反覆地想著自己或他人「早知今日，當初便應該……」！

我們既不能預測，也不能改變任何已經發生的事情！我們不能改變任何人的行為，尤其是他們以往的行為！我們越要改變過去，越發現自己舉步維艱，無法邁向相對正面的未來。

我們唯一能實踐復元的時機就是現在！我們可以多些嘗試活在當下，嘗試放下老是纏繞自己思緒的問題，包括對從前的懊悔和對未來的恐懼。別讓負面思想不知不覺地浪費了你應為復元而努力的時間！！

還有甚麼別的其他的思想方法（認知）有助你復元呢？

哪些方法有助你將新態度、行為和認知帶進你的生命呢？

> 「用井內的水清洗水井，井水變得骯髒。怪不了誰。」
> ～中國諺語

參考資料及資源

參考資料

Byrne, C., Woodside, H., Landeen, J., Kirkpatrick, H., Bernardo, A., & Pawlick, J. (1994). The importance of relationships in fostering hope. *Journal of Psychosocial Nursing, 32*(9), 31-34.

Carter, S. C. (1989). *Negaholics: How to Overcome Negativity and Turn Your Life Around.* New York, NY: Fawcett Columbine.

Deegan, P. E. (1988). Recovery: The lived experience of rehabilitation. *Psychosocial Rehabilitation Journal, 11*(4), 11-19. Reprinted with revisions in Anthony, W. A. & Spaniol, L. (Eds.), *Readings in Psychiatric Rehabilitation* (pp. 149-162). Boston, MA: Boston University, Center for Psychiatric Rehabilitation.

Hazelden Meditations (1991). *Today's Gift: Daily Mediations for Families.* Center City, MN: Hazelden Softcover.

Jackson, M., & Jevne, R. (1993). Enhancing hope in the chronically ill. *Humane Medicine, 9*(2), 121-130.

Jeffers, S. J. (1998). *Feel the Fear and Do it Anyway.* New York, NY: Random House.

Kirkpatrick, H., Landeen, J., Byrne, C., Woodside, H., Pawlick, J., & Bernardo, A. (1995). Hope and schizophrenia: Clinicians identify hope-instilling strategies. *Journal of Psychosocial Nursing, 33*(6), 15-19.

Littrell, K. H., Herth, K. A., Hinte, L. E. (1996). The experience of hope in adults with schizophrenia. *Psychiatric Rehabilitation Journal, 19*(4), 61-65.

Roger, J. & McWilliams, P. (1991). *You Can't Afford the Luxury of a Negative Thought.* Los Angeles, CA: Prelude Press.

Seligman, M. E. P. (1998). *Learned Optimism: How to Change Your Mind and Your Life.* New York, NY: Simon and Schuster.

Swindoll, C. (1987). *Living Above the Level of Mediocrity: A Commitment to Excellence.* Waco, TX: Word Publishers.

Syx, C. (1995). The mental health service system: How we've created a make-believe world. *Psychiatric Rehabilitation Journal, 19*, 83-85.

資源

A Grateful Heart: Daily Blessings for the Evening Meal from Buddha to the Beatles edited by M.J. Ryan (Conari Press, 1994).

A is for Attitude: An Alphabet for Living by Patricia Russell-McCloud (Quill, 2002).

Embracing Fear: How Facing, Exploring, Accepting and Responding to Fear Can Transform Your Life by Thom Rutledge (Harper San Francisco, 2002).

I Hope You Dance by Mark D. Sanders & Tia Sellers (Rutledge Hill Press, 2000).

Life is an Attitude: How to Grow Forever Better by Dottie Billington (Lowell Leigh Books, 2001).

The Little Book of Courage by Sarah Quigley (Conari Press, 2002).

How to be Happier Day by Day by Alan Epstein (Viking, 1993).

Prisoners of Belief by Matthew McKay and Patrick Fanning (New Harbinger Publications, 1991).

The Body Image Workbook: An Eight-Step Program for Learning to Like Your Looks by Thomas F. Cash (New Harbinger Publications, 1997).

The Depression Workbook: A Guide to Living with Depression and Manic Depression by Mary Ellen Copeland (New Harbinger Publications, 1992).

The Essence of Attitude: Quotations for Igniting Positive Attitudes edited by Katherine Karvelas (Career Press, 1998).

The Feeling Good Handbook by David Burns (Plume, 1999).

The Power of Your Spoken Word: Change Your Negative Self-Talk and Create the Life You Want by Louise L. Hay (Hay House, Inc., 1991).

The Relaxation and Stress Reduction Workbook by Martha Davis, Elizabeth Robbins Eshelman & Matthew McKay (Fine Communications, 1997).

Thoughts and Feelings by Matthew McKay, Martha Davis & Patrick Fanning (New Harbinger Publications, 1998).

第三章

起程

本章探討「180度轉向復元」的概念,內容包括動機的重要性,以及開始復元之旅的障礙。

引言

我們以探討動力作為本章的開端。就像燃料,動機可以驅使我們從現況起動並邁向一個好的開始。若要復元,我們必須先移走攔在復元路上任何內在或外在的阻礙,好讓我們可以繼續上路。當成功克服那些令我們不欲進步的慣性時,我們會變得更積極。

於本章的後半部分,我們會審視轉變的經歷——在這個轉捩點上,我們將注意力從患病以至其他負面經驗,轉移到渴望復元的積極心態。轉變讓我們置身一條嶄新的路!

動機:復元旅程的燃料

如果沒有動機和動力,我們不能在復元路上走得很遠。

不幸地,我們很多人都失去了個人動機或動力。有時候,因經歷許多失望,以致我們奉行「沒有希望,便不會失望」這信念,以保護自己將來免招損失。當追夢的過程中遭遭攔阻或破壞,我們會感到沮喪。旁人「潑冷水」叫我們不要抱有任何理想,勸我們按照病情的診斷而甘於做一個完全或永久傷殘的人。然而,復元完全是關乎訂立目標、重燃希望和向前邁進以實現夢想。

甚麼是動機?

動機是從外面和內心而來的推力,引發及指示我們動起來 (Petri, 1981)。動機是把我們將所想所望化為行動和驅動力。以下介紹的個人經歷,說明外在因素如何影響我們的復元。

> 因為兒子的離世，我患上嚴重抑鬱症，多次住院及接受腦電盪(ECT)療法。這個經歷最終令我感到迷失、困惑和缺乏動力。當我第三次出院時，很多事情等著我去做，因為我養了幾隻獵狐爹利狗，牠們每朝早七時半便會弄醒我，然後我一整天要忙著服侍牠們，餵糧給水、跟進身份文件、清理排泄物，還要每晚九時半準時哄牠們入睡。我相信牠們確實救了我。
> ～無名氏

其他人，例如有良好榜樣的朋輩，能夠激發我們的動機。我們也可參加有關復元的會議，獲得講員的啟發，回家路上一路興奮，並開始計劃自己的復元。有些人也可以啟發我們多思考自己的動機，還激發我們未被發現的潛能。有些人某些說話使我們看到自己潛藏的天賦、渴望和潛能時，也可引發我們前進。此外，會有些人給我們資訊，使我們不再故步自封，改以一個嶄新的角度去看自己或現狀。

我們正在復元的人，如所有人一樣，最深層的動力須發自內心；我們擁有的眾多夢想或需求，皆推動我們復元。這些個人動機，源自我們想做或想達成的事，和一些對自己極具意義的事。若我們堅持把內在動機付諸實行，長遠的改變必會成真。

我們應當如何發掘和建立個人動機呢？天下沒有真正「毫無動力」的人。每個人總會被某些渴望得到的東西所推動。訣竅是找出我們究竟想要甚麼，那些渴望就能推動我們。

甚麼能推動你呢？

> 「也許一直為了錯誤的原因而活著，才令你覺得生活很苦，但這不代表你沒有活下去的理由。」
> ～湯姆・奧康納

動力自我評估

☑ 請用下列清單知道自己現時的動力程度：

☐ 我所做的都不能改變甚麼。

☐ 我身邊的人對我沒有期望，所以我也沒有任何期望。

☐ 我感到自己有些少動力向復元進發。

☐ 有時我會想起一些我想做的事，並會因此有點興奮，但後來我似乎未能有所行動。

☐ 我正考慮嘗試去做好幾件事，並打算不久就去實行。

☐ 我已開始計劃如何完成一些事情，而我現正搜集意見、支持和資源。

☐ 我已確立自己的目標，以及一個清楚的計劃去做我想做的事情。

☐ 我正開始為得到我渴望的東西而努力。

☐ 我正在復元，並堅決地向我的目標邁進。

☐ 我已經在復元路上達成了許多目標，所以我正與人分享當中的興奮，藉此推動他們。

「動力是紀律的訣竅。當一個人有足夠的動力時，紀律便會自然產生。」
～亞歷山大・柏特臣

是甚麼推動你起床並繼續前行？

是甚麼事物、想法或感覺推動你去復元？

「活著必要有渴望，尤其渴求那些讓人感到美善的事物。」
～喬治・艾略特

在你的人生中，有甚麼是你想、渴望或想實現的事？

成為人生駕駛員：個人責任與復元

個人責任的重要性

我們必須登上駕駛操作的位置上，以開始復元之旅。唯有我們自己才可以為自己的人生訂下目標，唯有我們自己才可以邁向自己的夢想。

克服障礙

若感到沒有動力，我們必須要找出究竟是甚麼使自己停滯不前。只要知道是甚麼在阻擋我們，就可移除復元路上的障礙物。請完成以下關於動機的自我評估。

是甚麼推動我？

自我評估

☑ (請選擇所有適用的)

- ☐ 我希望行上一層樓梯而不會喘氣。
- ☐ 我希望得到照顧我的孩子的權利。
- ☐ 我希望感覺自己人生有意義和目標。
- ☐ 我希望得到別人的認同。
- ☐ 我希望有令我期待的事物。
- ☐ 我希望有更多與別人連繫的感覺。
- ☐ 我希望有些改變。
- ☐ 我希望滿足上帝對我生命的旨意。
- ☐ 我希望對自己感到滿意。
- ☐ 我希望有一天不受病徵困擾。
- ☐ 我希望有工作。
- ☐ 我希望感到更有自信。
- ☐ 我希望成為復元人士的榜樣。
- ☐ 我希望銀行戶口裡有些存款。
- ☐ 我希望付出自己，服務他人。
- ☐ 其他 _____

第三章

「我做，因為我想。」
～阿梅莉亞・埃爾哈特

「如欲有所作為，必先採取行動。」
～托馬斯・斯特恩斯・艾略特

「慣性」，可以是踏上復元第一步的最大障礙。在物理學的慣性定律指出，物體如非受到外力推動，就會維持在靜止狀態。人也一樣。我們不會無故採取行動或突然作出改變，必然有一些外在或內在因素，才會令我們動起來。

復元的動力源自四方八面。

- 當留意到吸取大量糖份會使身體不適，我們便會戒飲汽水。當健康得以改善，復元便已開始。

- 因為害怕負擔不了上升的租金而變成無家可歸，我們便會翻閱招聘廣告。只要找到工作，生活得以改善。復元便已開始！

- 即使情緒低落，我們早上還是會起床，讓貓兒出外走走，免得房子聞起來像貓廁。就是這樣每天起床，我們最終踏出家門，重過正常生活，復元便正在進行。

請列出一些過往當你感到停滯不前時，推使你作出行動的事物：

「唯一令你後悔的就是你沒有做的事。」
～米高・葛廷

有時候，我們連自己也覺察不到復元旅程已經開始，因為那跟日常活動似乎沒甚分別。有時候，關注我們的人不曾發現我們起初的改變，因為那都是一些內心想法和感覺。即使我們只是開始想想起床和讓貓兒出外，那就是採取行動的第一步。重要的是，就算走了一小步，我們也應表揚和鼓勵自己，及令自己繼續前行。

若自覺遇上了瓶頸，我們必須設法找出甚麼令我們停滯。有時候，我們不前進，是因為不知道自己需要對自己的復元負起責任。

我沒有駕駛執照

充權，是當今精神健康界別中一個普遍的用語。充權是我們對自己人生重大決定的能力感和掌控權。我們可以喪失或被奪去這充權的感覺，以致我們會感到沒有權利去掌管自己的復元，甚或覺得自己的復元是個案經理、治療師等人的責任。

時至今天，很多精神健康服務系統仍慣常地奪去我們的充權感。我們當中曾多年甚至數十年在系統中接受服務的人，已不知道自己有甚麼能力，並且缺乏了自我責任。失權 (Disempowerment)可以在下列情況下出現：別人或自己說我們無用；說我們病得太嚴重，不知甚麼對自己是好，或只因我們被貼上精神病標籤而說我們不可信。

我從未坐過駕駛操作的位置

充權是個奇妙的個人權利，當開始回復個人權利時，我們會感到震撼，也會覺得懼怕。因在復元的過程中，當我們面對各種抉擇，會感到緊張和猶豫，這是十分正常的，我們可以慢慢學習和練習負上自我責任。

我為何要出發？我會崩潰復發啊！

我們曾聽別人說過，改變必會引致復發。我們知道邁向復元的過程充滿未知之數，若我們的精神狀態已經穩定了一段時間，我們不會希望再起風浪。

你現在或以往是否有上述感覺？是甚麼信息令你有這些感覺？是誰給你這些信息？

逃避自我責任會不會令你感覺良好呢？

「懷著希望出發，比抵達目的地更加美好。」
～羅拔・路易斯・史提芬遜

180度轉向復元

開始復元之旅:「你」的轉向

有時會稱復元旅程之始為「180度轉向」。我們離開舊有的生活方式,不再自視為一個病人,向著新的方向出發,去恢復一個更豐盛、健康和主動的生活方式。

我們可以視「180度轉向」為「*你的轉向*」,因為:

- 沒有人能真正改變另一個人。當*你*感覺*你*想*你*的生活有改變,真正的改變就可以發生。

- 當你堅決邁向復元的時候,這是*你*轉向的時刻,並非別人。

- 沒有人可以使你轉向復元,別人只可啟發或鼓勵你,只有你自己才能決定並行動起來。

- 沒有人可以替你作復元的事。你可以做一些已決定的事,令你向理想的生活進發。

- 要「180度轉向」,你會發現須要為自己怎樣生活負起責任,並且決定跟自己承諾要成為你想做的人。

- 「180度轉向」使你朝向目標和優先次序進發,並使你進到重視自己獨特優勢(Strengths)的生活中。你可以憑一己之力去靠近目標!

- 當你經歷了「180度轉向」,你正朝著痊癒和轉化的方向前進。你的生活即將不再一樣!

「180度轉向」真的會改變我們的生命!

> 「轉吧,轉吧,直至我們轉向正確。」
> ～基督教詩歌

我們對「180度轉向」知道多少？

180度轉向復元是個有點兒神秘的過程。沒有人能夠預測「180度轉向」會何時發生。不過我們知道，即使有十年、二十年，甚至三十年受嚴重的症狀或經歷影響，「180度轉向」和邁向復元仍是有可能發生的！

所謂「條條大路通羅馬」，「180度轉向」是有很多不同的方法。

來自美國加利福尼亞州的朋輩支援領袖杰‧馬勒稱，「180度轉向」可以來得相當戲劇性。以下一則故事描述了這個經驗：

> *我一向以為醫療「專家」判了我死刑，我只可接受，別無他選。一位朋友對我說：「你不用相信你醫生的診斷，它只是一個標籤。」那一刻我的生命從此改變了⋯⋯九年後，我全職工作，獨立生活，甚至開創自己的事業。*
>
> *～引自卡拉馬與加尼之著作的個人心聲(1997)*

一些相關研究指出，我們的態度、渴望復元的程度，與及實踐復元的決心，對「180度轉向」十分重要。到了某個階段，我們可以堅定地決定實踐令我們生命轉向的事。

> *我（對自己）說，若我留在家並賴在這床上，我的心將會枯死；若不起床去尋求協助，我的人生將會完蛋了。我覺得我要馬上滾出這間屋（屬於他母親的）⋯⋯我好像只想踏出一步。不管怎樣，既然我將要死在這裡，不如豁出去吧，反正我沒甚麼可以失去。說來可能有點老套，但我身上只有二十五元和一個行李箱，我說真的！好像電影一樣，我已搬到市鎮去，永不回來。*
>
> *～阿標*
> *訪問節錄自派翠西亞‧迪根設計之訓練課程*
> *「可樂與香煙綜合症之外」*

第二章

「我們的任務不是要成為正常，而是要開始你的復元之旅，並且成為那個你被呼召成為的人。」

～派翠西亞‧迪根
國家朋輩支援領袖

有時，當我們不再逃避或否認自己患病的經歷時，「180度轉向」就會發生。有些人發現，接受幫助、良好的治療，並承認自己有問題，是一個重要的轉捩點，把我們引向復元。這可能是指找到適當的藥物及劑量。藥物並非使我們復元，但卻有助紓緩病情或減少病徵，使我們有更大機會復元。值得留意的是，有時轉藥，特別是停用重劑量的藥物，亦有助開始復元。

有時，在「180度轉向」之前，我們或已陷入谷底，失去了人生意義，面對難以忍受的孤寂，甚或感覺到死亡臨近——我們的生活好像很空洞、無意義；我們被困苦壓得很累，不想繼續下去。

> 「我們的良知就如指南針。」
> ～露芙・禾夫

> 來自美國堪薩斯州的朋輩支援員大衛・偉特，在第三次入住露宿者之家時，經歷了「180度轉向」——即使他有幾名兄弟姊妹住在附近，他決心要改變其生活。現時，他在一家本地會所工作，並在他的精神健康機構任董事會，還成功從「復元工作者」(Consumer as Provider, CAP)訓練課程畢業。

> 「只要推使人動起來，他們便會自行痊癒。」
> ～加布里・羅夫

當我們被不良對待，感到憤怒時，「180度轉向」也有可能發生。我們可以借用憤怒成為復元的推動力，並專注於復元之上，使人對我們刮目相看。

> 來自美國堪薩斯州的朋輩支援員當娜・史多莉，得知她的治療團隊計劃把她無限期安置於精神護理院。後來，她意外地發現自己原來可以推翻這個決定，當她堅拒住院時，她的「180度轉向」便出現了。她運用其內在和外在的資源，作出另一個清晰的方案，並站在法庭上向法官親述她的建議。結果，法官沒有將她關進護理院，幾個月後，她成功地從「復元工作者」訓練課程畢業，成為了復元人士領袖。在這成功的經驗上，她訂立出其他新的目標，現正修讀社會工作學位課程，立志幫助他人。

當我們知道他人（甚或是我們的寵物）需要依靠我們，我們就會下決心作出「180度轉向」。

> 一名堪薩斯州人說，因為她是家庭的一分子，她不可再繼續停留在嚴重抑鬱中，也不可以繼續傷害自己，她又希望為家人帶來正面的影響，尤其是她心愛的孫兒，不想他們有一個嚴重情緒困擾甚或自殺的祖母。一想到自己的行為會如何影響家人，她決心踏上復元之路，並決心改善自己的生活和精神健康。

有時，當我們明白復元是甚麼及可以發生，並知道人真的可以復元時，「180度轉向」便會發生。

> 愛德華‧奈特多年前仍是國家醫院的病人時，參加了一個關於復元的會議，並聽到一些正面的研究結果，他決定相信研究顯示大部分人會隨時間復元，不再相信自己永不可以復元，他的「180度轉向」發生了。自此，他為自己的復元而努力，並幫助其他人復元。接著，他指導一家機構並協助成立了數百個自助小組。現時，他是一位國家復元專家、備受尊崇的研究員，也是著名的復元和自助小組訓練員。最近，他成為一家關心復元人士機構的副總裁，並負責推廣朋輩支援和復元。

有時，當我們找到一位復元的榜樣，我們便會朝向復元進發。

當我們擁有一個安全和穩定的環境時，「180度轉向」亦會出現。在一研究中，多於一半人表示當擁有理想的居住環境時，他們展開了復元之旅，因為穩定的環境可減低生活上的壓力，讓他們生活得井然有序，可以向前 (Coursey, et al., 1997)。

當我們沒有自信及希望時，我們的家人、朋友、朋輩及精神健康工作者為我們打氣、支持我們、給我們充滿希望的訊息，並欣賞及看好我們，「180度轉向」也會出現。

> 「人生中最美好的事，莫過於做別人認為你做不到的事。」
> ～珍妮花‧摩亞

第三章

> 「你被呼召去做的事是獨一無二的；你被差遣去運用天賦為世界作出的貢獻也是無可比擬的。這個呼召或許是微弱難辨，但若你用心聆聽，你總會聽見的。」
> ～莎拉‧布列斯娜齊

> 「當意識到自己的潛力時，我可謂是自己的船長，我得繪製一條新的航線，去發掘那隱藏的寶藏──我自己！」
> ～祖安・倫登

即使意識不到自己正在復元的旅程上，我們亦可以經歷「180度轉向」，例如當我們在日常生活作點改變，學一些新事物，開始積極投入社會，找一份兼職工作或做義工，又或投入與人相處。我們不妨回想一下自己在哪裡開始經歷改變和成長，會發現復元在沒有刻意計劃下已經發生，原來開始了一段時間，我們才察覺到。

有一位來自美國堪薩斯州「復元工作者」(CAP)訓練課程的學生，認為自己一事無成，不應得甚麼證書，所以不想參加畢業禮。後來，她驚訝地發現自己在復元路上已進了一大步，她已做得很好。事實上，她已經成功了！

你的「180度轉向」是個怎樣的經驗？

它是你決心邁向復元的那天，抑或是一個漫長的改變過程？

> 「過程本身就是收穫。」
> ～道教格言

你是否經歷過邁向復元的「180度轉向」？請在此描寫一下你的個人經歷。

是誰或甚麼事曾激發你轉向復元呢？

若你未曾經歷「180度轉向」也不要緊，你可以寫下你對這個概念的想法。

第三章

「到達旅程的目的地自然是很好，但旅程本身才是最重要。」
～娥蘇拉・勒瑰恩

「讓我們勇於做自己吧！因我們會做得比其他人好。」
～雪莉・布里格斯

參考資料及資源

參考資料

Coursey, R. D., Alford, J. & Sajarjan, B. (1997). Significant advances in understanding and treating serious mental illness. *Professional Psychology: Research & Practice, 28*(3): 205-216.

Deegan, P. E. (1997). Recovering our sense of value after being labeled. In L. Spaniol, C. Gagne & M. Kohler (Eds.), *Psychological and Social Aspects of Psychiatric Disability* (pp. 370-376). Boston: Boston University, Center for Psychiatric Disability.

Deegan, P. E. (1999). *Beyond the Coke and Smoke Syndrome: Working with People who Appear Unmotivated.* Lawrence, MA: National Empowerment Center.

Kramer, P. J. & Gagne, C. (1997). Barriers to recovery and empowerment for people with psychiatric disabilities. In L. Spaniol, C. Gagne & M. Kohler (Eds.), *Psychological and Social Aspects of Psychiatric Disability* (pp. 467-476). Boston: Boston University, Center for Psychiatric Disability.

Landeen, J., Pawlick, J., Woodside, H., Kirkpatrick, H., & Byrne, C. (2000). Hope, quality of life, and symptom severity in individuals with schizophrenia. *Psychiatric Rehabilitation Journal, 23*(4), 364-369.

Petri, H. L. (1981). *Motivation: Theory and Research.* Belmont, CA: Wadsworth Publishing Company.

Sullivan, W. P. (1994). The long and winding road: The process of recovery from severe mental illness. *Innovations & Research, 3*(3): 19-27.

資源

Change Your Life Without Getting Out of Bed by SARK (Simon & Schuster, 1999).

Chasing Away the Clouds by Douglas Pagels (Blue Mountain Press, 1998).

Living Juicy by SARK (Celestial Arts, 1994).

One Day My Soul Just Opened Up by Iyanla VanSant (Fireside, 1998).

Simple Abundance: A Daybook of Comfort and Joy by Sarah Ban Breathnach (Warner Books, 1995).

第四章

復元是自我發現：認識我們的優勢

本章探討有關認識優勢的初步概念，以及充分運用個人與環境優勢的方法。本章結尾部分將協助你製作一份完整的個人優勢清單，以支持你的復元旅程。

引言：探討我們的優勢

在這一章，我們開始仔細地認識我們擁有的優勢，學習一些充分利用個人和環境優勢的方法。在這個過程中，我們將制訂一份詳細的清單，列出有助我們復元的優勢。

為了使復元取得進展，我們需要運用內在的及外在的資源。因此，學會如何發現及利用自己的優勢與抱負，是十分重要的，否則我們在復元路上或會處處碰壁。

每個人都有優勢，雖然有時我們未必留意到，若沒有優勢，人根本無法生存。無論情況有多艱難，我們總有一些內在的和外在的優勢。在展開復元旅程之初，我們可以做一件最重要的事，就是去辨識及運用我們獨特的優勢。

別以為認清自己的優勢很容易！對很多人來說，當要實實在在地辨識和形容自己的優勢與能力時，卻會感到相當困難。

我初訂的優勢清單

花點時間想一想並簡要地寫下一些你的優勢。

對你來說，列出自己的優勢是否容易？你有否發現自己必須停下來、想一想呢？

「言忠信，行篤敬。」
～孔子

第四章

「復元的其中一部分，是讓我終於看見自己的優勢。」
～域奇・禾爾他

> 你是否想出一、兩個自己的優勢之後已想不出更多的呢?你當時有甚麼感覺?

「我們看得出別人的可能性,但我們曾否夢想過自己也有可能性呢?」
～珊迪・凱迪
堪薩斯州

如果你對列出一張很長的清單感到困難,請勿擔心,也有很多人為此而感到吃力。下列故事描述了一位朋輩支援員當初在確認其優勢時的掙扎:

> 當有人叫我說出自己的優勢,並將優勢應用到復元時,我的第一個反應是:「優勢?甚麼優勢?」我一直受醫療系統模式影響,只留意自己的不足及需改變之處。我曾有過一些抱負,但那都是未來的事,所以我仍未把它們一一實現。我不是已經從苦難中汲取教訓,學會不要抱持太高的期望嗎?我常聽說擁有及實踐抱負是好的,但我不明白為甚麼人要有希望?反正它們都不會發生的。所以說,我有一個很大的缺憾。
>
> 無論從何得知,我收到的訊息是「你的資質有限,永遠是個平庸之輩,還是安份守己地生活吧!」多年來別人對我這樣說,久而久之我也盲目地接受了。因此,當我必須檢視自己時,發現我也有優勢,這實在令我難以置信。後來我更領會到我必定會有優勢的,否則不可能仍然活著,也不會意識到自己有著需要治療的問題。沒有優勢,恐怕我連醫生也不會去見,往後被確診、接受治療、服用藥物等事情便不會發生了;沒有優勢,我相信我仍會酗酒,仍困在一段被虐待的關係裡。
>
> ～蓮達・安迪各
> 堪薩斯朋輩支援者

「當我們否定自己的優勢,即是放棄了部分的自己。」
～安妮・威爾遜・莎芙

規劃一條遠離負面的路線

相比天份和優勢,我們更著眼於自己的問題、缺憾和弱點。我們自小已被教導不要放大自己的優勢。就像小孩子學習新技能或玩耍時,為了爭取別人的注意而展示自己的優勢,我們希望別人知道:「看看

我，看我能做甚麼！」但是，經過長期遭忽略或被勸止引人注意，我們的熱情便減退了。

當我們尋求幫助時，我們會被問「甚麼問題使你來找我？」當邁向復元時，我們會尋找給予自己幫助和支持的人，他們注重我們如何能改善身心健康，並支持我們為自己多做些正面和實際的事情。

我們常被慫恿去留意自己有甚麼比不上別人，或如何與他人格格不入。這邊箱，我們的文化著眼於病態和問題，譬如電視清談節目時常介紹一些患有奇難雜症的人；另一邊箱，新聞媒體充斥著那些極其富有及漂亮的人物影像，標榜他們擁有無限的資源（金錢、朋友、服裝、豪宅）。若要把自己的生活去與傳媒界定的模範，或其他外界的事物作出比較時，我們實在很難找到自己的優勢及資源。

因為經歷過很多壓力及困境，所以我們很容易停留在過往的負面經歷、瘡疤與不足。從這種角度看世界，會使我們失去自尊、否定自己可以實踐正面事情的能力，也削弱了我們履行健康生活模式的決心。單一的負面思考，會降低我們投放於從事正面事情及走向復元的精力和努力。

作為成年人，我們會不假思索地重塑那些在童年陰影裡出現過的處境。若在一個負面的環境裡成長，我們往往會活在負面的信念中 (Hay, 1984)。於是，負面的情緒氛圍對我們來說變得很正常，雖然這並非我們想要的，但卻已成了我們的習慣，也成了我們的期望。

這些經歷給我們留下一張「負面的精神路線圖」。經常地專注於負面的期望和問題，並不能引導我們向理想進發！事實上，這種專注會使我們遠離目標，並去做一些不想做的事、跟一些不喜歡的人在一起！

你有沒有上述的「負面的精神路線圖」呢？如有，這張地圖正引領你往甚麼方向並去經歷些甚麼呢？

「若無病呻吟會吟出真病來，那麼相信自己是漂亮的話，你必會變得漂亮。」
～沙克蒂‧嘉文

第四章

「我們要拿出勇氣去繼續走自己的路，並去感受更大更深的自我價值。」
～蘇‧帕頓‧托埃爾

改變我們的導向

雖然負面的態度或會銘刻在我們的思想,但它是可以改變的,因為我們並沒有被困於一個消極的環境裡!即使經歷過挑戰,復元的過程會幫助我們恢復正面的自我感覺。它讓我們超越過往的經歷與現況,發展更正面的精神路線圖與自我感覺,並將自己定位在更積極的方向!

走出消極可能很困難。我們身邊的事物看似美滿,但它們總有進步的空間,譬如房子可以更豪華,衣服更時尚,天氣更好,我們的大腿可以更纖瘦,朋友可以給我們更多支持等等。若我們只把負面的蛛絲馬跡與經驗放上心,它們便會常常出現。只把焦點放在負面的地方,我們便會繼續望向自己的不足;若將注意力集中在優勢,我們便會轉向到自己的能力,這就會引導我們邁向新的可能性。

應付負面的精神路線圖,其中一個方法是學會一些控制自己的思想、行為和反應的工具。我們已經辨識及承認局限著我們那負面的精神路線圖,現在是時候將我們消極的觀點轉向以優勢為本的復元。

從問題導向轉為優勢主導

在邁向復元時,我們都想從正確的方向出發。我們希望遠離一貫以問題或不足為焦點的向度,並去創造一種以優勢向度的生活。若集中於自己的優勢,我們便可以有一個更清晰的方向邁向正面的復元。下列圖表概述了我們可以如何改變導向。

> 「對抗你的殘疾對你沒有好處;自憐也對你沒有好處。一個人必須要有敢於冒險的膽識,去接納自己有無限的潛力,並去參與世上最有趣的遊戲——在障礙當中充份發揮你的能力。」
> ～哈里・愛默生・富斯迪

> 「生活從來也永不是容易的事!對旅客來說,即使要走相同的路,走在盼望中建築的路,比走在絕望中建築的路更使人愉快。」
> ～瑪莉安・齊默・畢列

從問題或不足導向……	……轉移到優勢導向
我不再著眼於自己的問題、病徵和不足……	反而集中關注我希望、渴望和夢想甚麼。
我不會放大自己的病態和困難……	反而會去了解、運用和建立自己正面的天賦、技能、知識和能力。
我不會自視為被診斷的標籤……	反而自視為獨特的人，擁有強健的身、心、靈。
我不會讓別人的角度引導和偶爾限制了我的選擇……	反而尊重自己的立場、價值觀和信念。我知道人生有許多機遇，我可以選擇一個正面的方向。
我不相信我的過去預測了我有一個負面的未來……	反而關注此時此地，並向一個正面的未來前進。
我不關注自己的能力上的不足或做不到的事……	反而自知有許多應付技巧。迄今我能夠成功的，在將來也可取得成功。我有很多技能，並且在有需要時學習更多新的技能。
我不會讓「了解甚麼最適合我」的服務提供者控制我作出人生的決定……	反而明白自己有權利發掘選擇，並自主自決。
我不會自恃有精神病便覺得不為自己負責任也沒關係……	反而為自己作的決定承擔後果。我擁有自己人生的主權，並親自管理自己的復元。
我不會集中於那些使我的人生受限甚至停滯不前的種種問題……	反而積極地學習、成長和轉變。
我不會讓身邊的人助長我的限制……	反而在復元旅程上尋找一些會支持和鼓勵我的人際關係、榜樣和幫助者。
我不再認為我的人脈和資源是有限的，也不依賴精神健康服務系統去滿足我的所有需要……	反而積極地探索我的社群，並在身邊尋找友誼、靈感、幫助和所需的資源。

第四章

出發：辨識我們優勢的來源

讓我們仔細地檢視一下自身的及周邊環境的優勢來源。

- *閉上雙眼片刻，想一想你的優勢。*

- *你是否想著你以往所擅長和已掌握的事呢？又或你想起現在慣常做的事呢？*

- *當你想起自己的優勢時，別忘記一些未被察覺的潛質，及未來想發展的能力和興趣。*

當想到自己的優勢時，我們通常只著眼於現在。重要的是，我們也要去確認及重新發現自己過往用過的優勢、「此時此地」，並期待在未來實踐的夢想和抱負。

幾乎任何能想像到的都可以成為優勢的來源。在這部分，我們會探索一些普遍的經驗，及可以成為我們的優勢、能力、才能、和資源的質素。

從我獨特的知識而來的優勢

在掙扎、作出選擇及推動自己作出新發展的時候，過程中我們一直在學習，結果有時成功，也有時失敗。藉著發掘自己的需要、盼望或興趣，我們得以不停地向前邁進。

說到學習，我們往往會聯想起正規的教育，如回到學校上課，或閱讀一本沉甸甸的書本。然而，事實是大部分的學習發生在生活中的細微末節上，譬如在我們的家庭、工作地方或社群裡。換句話說，我們在平常的生活經驗中學到最多。

出於好奇並想探索自己感興趣的事，學習便會發生，譬如有興趣溝通會驅使我們到圖書館玩玩電腦。當有了基本的認識，我們會上網瀏覽討論區，不久便結識到新朋友。若對促進個人健康感興趣，我們自不然去搜集有關健康飲食的資訊、跟同好者一起去社區的園地種植蔬菜、參加瑜伽班或開始收集低脂食譜。

「我們總是在追求一些已經擁有的東西，只是我們不知道它一直存在，若我們願意給它一點時間，它自必會讓我們發現到它。」

～湯瑪斯・梅頓

「若不認識自己，這會使你一直聽命於人，並不會作出改變。」

～聖巴爾多祿茂

我們亦會在掙扎、經歷不滿和冒險當中學習。透過訂立目標和經歷努力的成果，讓我們更加了解自己。在嘗試實踐目標時，我們應竭盡全力，同時也要明白事情未必每每一帆風順，偶爾經歷失敗有助我們學會接受挑戰，並加深自我認識。我們嘗試去了解如何在下一次做得更好，並開始問自己一些問題如：「甚麼資源或支援有助我在未來達成目標呢？」

所謂「三人行必有我師」，我們身邊的人也是學習對象，他們會提供支援或分享獨特的知識。

想想你身邊的人，他們擁有甚麼知識呢？（他們可能懂得繪畫、種植香草、教授鬆弛技巧、縫製被褥或幫助你從精神健康系統中找到所需服務。）

「成功的秘密是傾盡全力、毫不畏縮的向著目標努力。」
～安娜・波瓦洛娃

第四章

「自知之明是自我改善的開始。」
～西班牙諺語

想想你自己及你所認識的所有事物。（當停下來想一想，我們會為所有自己懂得做的及有興趣的事情而感到驚訝。）

練習：

關於你的知識

做這個練習時，嘗試突破你自己或別人的表面理解，看看你的內心深處那些對你別具意義的事物。在這清單上，可先列出你享受學習的或十分熟悉的事情。這清單只是個初步藍本，當你發現自己更多，並想起更多關於你的知識和興趣，可隨時加長這張清單。

列出一些你一生從學習得來的優勢：

現在列出你感興趣並希望在短期內學習更多的事物：

從我的技能和天賦而來的優勢

只要花時間真正地發掘和辨識自身的技能和天賦，人們往往會為自己能夠做很多的事情而感到詫異。我們亦會重新發現一些自己曾經擁有、但近來卻不再運用的天賦和技能。技能、才華和天賦可以是任何東西：滑稽的模仿表演、唱歌時不走音、與別人相處融洽、製作手工藝、算術、講故事和認識外國語言或電腦。

以下描述一位復元人士如何運用其獨特的音樂天賦去進行復元：

> 過去數年間，我試過幾次住院。我已放棄彈結他和在人前表演。雖然，音樂曾經有一段很長的時間成為我人生中十分重要的部分，但我已不想再跟音樂扯上關係。直至一天，有位醫院員工提議我參加一個在醫院附近舉辦的免費社區音樂會。當晚雖有我喜愛的樂隊演出，但我起初還是不想去，因我知道會有很多人出席，這會使我感到非常不自在。後來，有兩位病友說要陪我去，於是我答應三人一起參加。我們坐在露天看台，當人群開始魚貫入場，我開始自覺有幽閉恐懼症，可幸病友們不停告訴我不會有問題，我才繼續坐在那兒。不久，樂隊上台演奏他們所有的名曲。我留意到自己漸漸熱血沸騰，就像在以往的好時光裡，我在人前表演時一樣。我開始「感受到音樂」……我開始感到非常興奮。
>
> 翌日，我拜託一位朋友把我的結他送過來。當我拿起結他時，立即開始彈奏過往慣常彈奏的歌曲。
>
> 過去十年，我帶著我的結他到全城各樣的聖誕派對、小組聚會、教會和活動中巡迴演出。最後，我決定嘗試開辦私人課程，教授鋼琴、鼓和結他。迄今，所有事情似乎也進展得相當順利，讓我發現自己原來有能力教導別人，而我會繼續運用我的音樂。
>
> ～菲獵‧格拉斯哥
> 堪薩斯州

> 「人生中最困難的事情就是認識自己。」
> ～泰勒斯

第四章

> 「我開始對自己的人生有所領悟——它並非我成功達成預設目標的悠長過程，而是逐步發現及孕育我的未知目標之進程。」
> ～祖安娜‧費迪

練習：

辨識你的天賦和技能

做這個練習時，嘗試突破你自己或別人的表面理解，看看你的內心深處那些對你別具意義的事物。在這清單上，可先列出你享受做的或擅長的事物，又或一些你感興趣並願意發展的技能。

列出一些你的天賦和技能：

現在列出你希望在短期內發展的技能和天賦：

我可以從文化認同及文化資源取得的優勢

文化認同 (cultural identity) 與生活方式和行為有密切關係。我們一般會以為自己的文化背景是理所當然的，未必察覺到文化帶給我們生活的意義。每個文化都有療癒及令人生再次圓滿的方法。我們可以在很多範疇裡找到文化優勢。

以下的清單列出文化認同的數個範疇。你可以此作為開始，然後加上其他屬於你自己的見解：

- 家庭日常禮儀（例如：祖父母、原生家庭、姻親家庭傳承下來的禮儀）；
- 信仰表達（例如：教會／廟宇禮拜、祈禱）；
- 民族根源（例如：亞洲人、愛爾蘭人、拉丁美洲人）；
- 溝通方式（例如：反覆念誦、說故事、擊鼓）；
- 生活方式（例如：農業社會、城市、鄉村環境）；
- 世代特色（例如：嬰兒潮、X世代、長者）；
- 文化慶祝（例如：中秋節、冬至）；
- 文化價值觀及信仰（例如：萬物歸一、將心比心）；
- 關乎生存和抗逆力的重要故事（例如：「沙士」(SARS) 疫潮、「九一一」恐襲、四川大地震、南亞海嘯）
- 具本土文化特色的療癒方法（例如：拔罐、針灸）；
- 慰藉食物（例如：零食）；
- 文化自豪感的其他來源（例如：有關祖先的知識、祖宗或你的文化對社會作出的貢獻）。

第四章

「未來屬於那些全心全意活在當下的人。」
～無名氏

「一件單一事件，可以喚醒我們全然陌生未知的內在。」
～安東尼・德・聖艾修伯里

練習：

從我的文化認同或文化資源而來的優勢

當列出你的文化優勢時，嘗試突破你自己或別人的表面理解，看看你的傳統和文化裡那些對你別具意義的事物。在這清單上，可先列出你享受作為你所屬民族的原因、文化根源、使你深受影響、你感興趣並願意認識更多的事物。

你從哪裡獲得文化認同及文化資源呢？

你的文化給予你甚麼特別的支持呢？

你如何擴充你的文化認同和資源呢？

成為個人優勢的社區資源

當接觸社區資源時，我們都曾備受惡待、拒絕及公然歧視。我們可能會自視為無能力和方法，去爭取自己所想所需的資源。以優勢為本的復元，其一目標是幫助服務使用者藉著所得的社會資源成功對抗無力感。

復元的一個重要原則是「融入社區」，意指整全地成為社區的一份子，有著公民應有的權利和義務。我們可把社區看為歧視之源，但社區同時也是充滿了精彩的資源。

林林總總的社區資源中，我們通常只留意到當中極小的一部分。我們都視社區精神健康服務系統為主要的社區資源，從系統中尋找我們所需的東西：休閒活動即是跟朋輩打保齡球；學習新的生活方式即是到治療中心參加日常生活技能小組；友誼即是在社交小組與人配對參與活動、工作即是到中心幫手。

一個森林豈止得一棵樹？精神健康服務系統所提供的，其實是相當有限的資源。以優勢為本的復元告訴我們要開放眼界，視社區為一個整體。從社區所得的越多，我們的世界就越變遼闊。

若我們想健康一些，可以留意一下本地的青年協會或康文署舉辦的健體課程；也可認識一些有廣泛興趣而非專注精神健康的新朋友；也可參加一些在精神健康中心聞所未聞的資源或活動，譬如是在社區舉辦的其他課程，包括在健康食品店開辦的天然食物烹飪班，又或在書店每星期聚集一次的神秘讀書會。

差不多所有本地圖書館都提供電腦上網的設施。一般來說，圖書證是免費的，而圖書館管理員會協助我們尋找任何類型的書籍，包括復元。大部分的圖書館都相當安靜，可讓你專心地搜尋所需資料。

使用社區現存的資源會如滾雪球般令資源和選擇增多。我們有越多的選擇作人生決定，意味著我們對生活和復元有著越多的自主權。不妨嘗試一些新的資源及發展新的興趣吧！

第四章

「人是一體的，在大自然的孕育下相親相愛，並且擅於社交，故此我們必須要明白，每一個人的存在是為了對社會整體作出貢獻。」
～塞內卡

「人如其所信。」
～班哲文‧尼敦‧卡多佐

練習：

從社區資源而來的優勢

做這個練習時，嘗試突破你自己或別人的表面理解，想想那些你真正感興趣的事物，並檢視你的社區有甚麼提供給你。在這清單上，可先列出你已經在使用的社區資源，然後想一想那些你真正想得到的社區資源。

你現在定期使用甚麼社區資源呢？

你想深入了解甚或嘗試哪些社區資源呢？

成為優勢的個人質素

我們都有一些可成為優勢的個人質素,可能是:幽默、忠誠、外向、臨危不亂、熱心積極、心思縝密、可靠、有愛心、自由和不拘小節,又或是個好朋友。以下是兩位來自堪薩斯州的朋輩,就其個人質素的自述:

> 多年來我憤怒地掙扎,並否認自己患病。為此,我決心尋找答案,去加深了解以至接納自己的病。也許,這就是我真正踏上復元旅程之始。我認為事業是我的個人優勢,作為小學老師,也是特殊教育老師,我總擅於跟孩子和他們的父母溝通。質素如溫柔、培育他人的能力、幽默感、聰明、勤奮及領袖技巧,讓我得以一直為人師表。
>
> ~嘉菲・信恩

> 我喜愛小組的環境,也愛跟不同類型的人談話,並嘗試從對方身上學習。我喜歡並擅長公開演說。我懂得說笑話或有趣的故事去打破冷場。我為自己和我的復元而感到驕傲。我運用我的勇氣和優勢,而最後我想告訴大家:
>
> **你可以成為你理想的自己!**
>
> ~珊蒂・凱迪

「去相信那些比你自身更重要的東西,並投入當下的一些『大想頭』。」
～芭芭拉・布殊

第四章

「強調自身的能力,並集中於內在美,可以讓我達致卓越。」
～蘇・帕頓・托埃爾

練習：

從我的個人質素而來的優勢

做這個練習時，嘗試突破你自己或別人的表面理解，想想那些對你別具意義的質素，並深入思考你現在擁有的質素。在這清單上，可先列出你欣賞自己的東西，或他人羨慕你的品格。想一想那些你有興趣在將來培養的內在質素。

請列出一些你的正面個人質素：

你想培養哪些內在質素呢？

我要為自己的優勢感自豪

人們擁有值得驕傲的東西。有些人對於自己建立的解難機制 (coping mechanisms) 感到自豪；有些人會為成功克服重大的挑戰和困難而感到滿意和驕傲——又稱為「倖存者的驕傲」；有些人以自己的努力取得一紙文憑或更高的學歷；有些人會對自己的孩子感到自豪。一切我們引以為榮的事物，都可以支持我們克服復元路上的種種困難。以下是朋輩支援員蓮達對發現其優勢感到自豪的自述：

> 我發現我有很多優勢，「否認」是其中一個，那是非常有效的解難機制；若沒有它，我懷疑自己能否在這幾年裡活下來，想必已被自己的人生經歷打垮了。
>
> 我很固執——不如說是堅持吧！當我明白自己需要復元並繼續生活時，即使遇到挫折，我仍會堅持去接受治療，並保持清醒。全賴我夠固執，致使我沒有放棄。
>
> 閱讀、寫作和編織——不僅是我所喜歡的，也是我所擅長的，而且對我的復元相當有用，因為它們既有助減壓，還幫我打發孤單或苦悶的時間。它們使我感到輕鬆自在，有時還讓我賺取收入。若我不做這些事，難以想像我可以怎樣過日子。
>
> 家庭關係也是我的優勢。在展開復元之初，我跟一些親人發生磨擦。因為我的病，我跟一些家庭成員斷絕關係，可幸仍有其他親人繼續支持我。雖然，那過程既是痛苦也不愉快，但卻讓我看清楚誰是真正可依靠的人，而這個發現是十分寶貴的。
>
> 我有驚人的幽默感，而我相信這大概成為我最大的幫助。若你找到令你發笑的事情，你很難會感到抑鬱。笑，確實是最好的良藥。若你學會自嘲，或幽默地看自己的錯誤與失敗，那你的健康必定更好。我仍然在發掘關於自己的東西，這是一生的工夫，該沒有別人比我更稱職哩！
>
> ～蓮達・安迪各
> 堪薩斯朋輩支援員

「我現在很平靜，因此我充滿力量。」
～高蓮・琪治
堪薩斯州

第四章

「弱點，就是尚未發展成熟的優勢。」
～班傑明・富蘭克林

練習：

我引以為榮的事物

嘗試突破別人的表面理解，想想那些令你引以為榮、對你別具意義的事物，並深入思考你的人生經歷，以及那些與你關係密切的人的經歷。在這清單上，可先列出你最感自豪的事物、你最擅長做的事物、又或你感興趣、並希望在將來做到令自己感自豪的事物。

甚麼是你引以為榮的事？

哪些優勢助你度過困境呢？

你想做甚麼可能在將來帶給你自豪感的事情呢？

從別人的角度認識自己的優勢

當完成上面的練習，你已經踏出了重要的第一步——藉著閱讀、反思和記錄優勢，為自己的復元旅程辨識一些重要的資源。既然你已確認了一些優勢，不如嘗試「擴充」你的優勢清單吧！

了解別人眼中的自己有何優勢，有助你擴闊眼界。有謂「當局所迷」，有時候，別人比我們自己更容易發現我們的優勢所在。當與你關係密切的人一眼看出你一直不察覺的獨特優勢時，你會感到很詫異。

額外搜集一些有關你優勢的資訊，有助你在復元旅程上發掘、建立及運用你擁有的獨特優勢。

第四章

練習：

別人眼中的我有甚麼優勢？

第一步：鼓起勇氣，邀請一位或多位你信任的人，坦白真誠地給評價。

必須找你信任、關心你而又一直給予你支持的人。

第二步：你可以跟這個人交談，或把下一頁的問卷交給對方，可按需要自行複印問卷。

第三步：請你信任的人找出及／或列出他們所察覺到有關你的優勢。

第四步：將你從你信任的親友搜集而來的資料，加到你已製作的優勢清單內。

「你為他人所做的最大善行，不僅可以分享你的財富，還能幫助他們發掘自己所擁有的。」
～班傑明・迪斯雷利

你看到我有甚麼優勢?

給我的盟友及支持者的問卷

很感謝你願意為我花時間去找出我的優勢。以下是在羅列我的優勢時,可以考慮的幾個範疇。

我認識的/擁有的知識/已學懂的事

人是會不停地學習和經歷人生的,這種學習可以發生在正式的場所(學校、課本和課程)。不過,大部分的學習發生在生活中(在家庭、職場或我們的文化),尤其在「經一事,長一智」的情況下常有所學。例如,有人可能熟悉電腦、懂得如何照顧嬰兒、知道如何栽種天竺葵、懂得放鬆技巧,或懂得瀏覽精神健康服務系統。

請列出一些你知道我懂得的事:

請列出一些你認為我有興趣學習的事:

我擁有的天賦和技能

例如:唱歌不走音、解決問題、繪畫、與人相處融洽、園藝、詩詞朗誦、長跑、手工藝、焗麵包。

請列出一些你在我身上看見的天賦、才能和技能:

我的文化認同及文化資源

一個人的文化認同能強烈地影響其生活方式和行為。文化優勢可包括禮儀、溝通方式、地理影響、世代身分(即嬰兒潮出生的人)、慶祝、自豪感的來源和文化資源。

請列出你看到我可從文化認同中獲取的優勢:

我的個人質素

例如：幽默感、臨危不亂、熱心積極、可靠、有活力、有愛心、有條不紊、自由和不拘小節、友善、忠誠。

請列出一些你認為可成為我優勢的個人質素：你認為我的哪些個人質素可作為優勢：

我引以為榮的事物

人人都有一些他們感自豪的東西，例如成就。其中一個引以為榮的源頭是「倖存者的驕傲」，就是人們在克服困難的過程中建立的。

請列出一些你認為我可引以為傲的事物：

你在我身上還否看到其他的優勢呢？

感謝你付出寶貴的時間去協助我找出我的優勢！

分析你的優勢

你已經找出一些你的優勢,並得到他人給你的意見,現在你可以藉著完成以下的練習,將更多的個人優勢加入你的清單內。

練習:

列出更多優勢

我們有些優勢是來自其他人,包括我們的盟友和支持者。

誰支持和鼓勵你?

他們每一位會做些甚麼去幫助你呢?

列出一些你能夠前往並帶給你支持、技能和鼓勵的地方:(例如:在公園散步、參加教會聚會、在湖邊釣魚、到朋輩中心、在咖啡店寫作)

列出任何帶給你支持與力量的事物:(例如:你的兩隻貓、你管理的花園、你的聖經)

> 「也許未能到達我一直嚮往的地方，但我最終還是找到了心儀的位置。」
> ～德格拉斯・亞當斯

> 「每人的內心都有：最大的力量、全面的智慧及停不了的喜樂。這些是永不會受阻撓及破壞的。」
> ～休斯頓・史密斯

經過一輪自我反思及收集別人對你的看法，你已為你的優勢製作了一份頗長的清單。現在請花幾分鐘，檢視一下你列出的所有優勢。

當你反思你的優勢時有甚麼感覺？

在你的優勢中，你有否留意到當中出現了一個模式或主題？（例如：你可能見到有幾個優勢跟創意和具創意的工作有關，而有些則可能與人際關係有關。）

檢討你的優勢後，你是否對自身／你面對的情況感到更有希望？為甚麼？

對你懂得的事或所擁有的個人質素，你會更感自信和自豪嗎？

> 十五年來，我一直為復元付出不懈的努力，我可以自豪地說：
> 「雖然我現在仍未達到目標，也不肯定將來會去哪裡，但感謝神讓我已離開過去。」
>
> ～仙蒂
> 堪薩斯州康復者

「凡事應全力以赴，同時也要保持真我。」
～珍納・厄斯金・史都華

你為何有這種感覺？

你會驚訝你擁有的資源和天賦嗎？為甚麼？

充分利用我們的優勢

在辨識優勢的過程中，至今你已搜集並列出你許多的優勢，亦已檢視了它們，現在你可以選用一個優勢來繼續本部份。

你的優勢會成為復元旅程的支援和指引。若你辨識並運用你的優勢，便不用在空虛的時候投靠他人；在軟弱乏力的時候，你可以好好運用你已經擁有的優勢。

藉著不斷地運用自己的優勢，我們便能充滿力量去走復元之路。

第四章

「你能為這世界作出其中一個最重要的貢獻，就是成為你真正想做的自己。」
～羅拔・弗瑞茲

練習：

試驗一個優勢

請先瀏覽和檢視你列出的所有優勢，然後從中選出你想深入探討的一個優勢。

在考慮選擇哪一個優勢時，你可以先問自己下列問題：

- 這是我十分感興趣的優勢嗎？
- 這是我想認識更多的優勢嗎？
- 這是我想加以發展的優勢嗎？
- 這是能指引我踏上復元之旅的優勢嗎？

請寫出你選擇進行深入探討的一個優勢：

_____

_____

想想過去，並問問自己：「我以前如何運用這個優勢？」（例如：「我想更加健康，試過兩年來慣常地去散步。」）

有沒有其他事物／活動／想法跟你所選的這個優勢有關？（例如：「我把兩本食譜和一本關於低衝擊健體操的書籍放在我媽媽的家，我要去探望媽媽並找出這些書，然後好好的閱讀一下。」）

你正在做些甚麼是跟你所選的這個優勢有關？ 不是思考過去或將來，而是那些你的生活中正在進行的事。（例如：「我每逢星期六早上漫步到市場。」）

在可見的未來，你想如何運用這個優勢？（例如：「我想找個散步伙伴。」）

開始為你所選的這個優勢制訂一個短期目標。

1._____

2._____

(你是否需要搜集更多你在這方面感興趣的資料嗎？你能否重拾以往曾棄用的這個優勢，或回到較早前的狀況？你可以做些甚麼以更充分地運用你這個優勢呢？)

你更充分地運用這個優勢的第一步是甚麼？

為發展這個優勢，你還可以做些甚麼其他的事情呢？(例如：「我想從今開始每天都外出散步幾次，每次約五分鐘。」或「我要儲錢買一雙負擔得起的運動鞋。」)

第四章

恭喜你！

你已經找出自己的優勢，並開始踏上復元之旅

是時候為找到你的優勢而去慶祝一番！優勢為本的復元模式包括自我獎勵，及為你接近目標的每一步而慶祝。以下是其他人慶祝其進展的方法，你可視之為參考，或可用其他能反映你的興趣和優勢的方式去慶祝！

- 跟我的小狗玩飛碟
- 跟一位朋友外出
- 觀看一場球賽
- 買一杯雪糕給自己
- 致電一位很久不見的朋友
- 唱一首歌
- 浸一個泡泡浴
- 閱讀喜愛的書
- 將我的優勢清單張貼在雪櫃上
- 欣賞一場免費的社區音樂會
- 躺在大樹下的草地上發白日夢

你會如何慶祝呢？

「最好的賭注就是和自己打賭。」
～亞諾・格拉蘇

「慶祝，是對喜樂時刻的確認。」
～彼得・馬加之・布朗

參考資料及資源

參考資料

Copeland, M. E. (1999). *Winning Against Relapse.* Oakland, CA: New Harbinger Publications, Inc.

Eldon, K. M. (1999). *Soul Catcher.* San Francisco, CA: Chronicle Books.

Hay, L.L. (1984). *You Can Heal Your Life.* Santa Monica, CA: Hay House, Inc.

Lieberman, A. (1997). *The Social Work Out Book: Strength-Building Exercises for the Pre-Professional.* Thousand Oaks, CA: Pine Forge Press.

Rapp, Charles A. (1998). *The Strengths Model: Case Management with People Suffering from Severe and Persistent Mental Illness.* New York, NY: Oxford University Press.

Saleebey, D. (1997). *The Strengths Perspective in Social Work Practice.* White Plains, NY: Longman Publishers.

Summers, N. (2000). *Fundamentals of Case Management Practice Exercises & Readings.* Belmont, CA: Wadsworth/Brooks/Cole.

資源

List Your Self: Listmaking as the Way to Self-Discovery by Ilene Segalove & Paul Bob Velick (Andrews & McMeel, 1996).

Ordinary People as Monks and Mystics: Lifestyles for Self-Discovery by Marsha Sinetar (Paulist Press, 1986).

Sacred Cards: The Discovery of the Self Through Native Teachings by Jamie Sams (Harper San Francisco, 1990).

Soul Mapping: An Imaginative Way to Self-Discovery by Nina H. Frost, Kenneth W. Ruge & Richard W. Shoup (Avalon Publishing Group, 2000).

The Illustrated Discovery Journal: Creating a Visual Autobiography by Sarah Ban Breathnach (Time Warner Company, 1999).

Wanting What You Have: A Self-Discovery Workbook by Timothy Miller (New Harbinger Publications, 1998).

第五章

為復元旅程訂一條路線

本章將集中討論如何設定復元旅程的個人願景,和訂立成功的長期和短期目標。

設定復元的個人願景 (Personal Vision)

> 「沒有願景，人會枯萎。」
> ～賴夫·瓦爾多·愛默生

預先計劃才會有最好的旅程──這就是設定願景的過程。從過去走向更璀璨的未來的過程中，設定願景是相當重要的部分。湯·彼得 (1991) 寫道：「願景是美好的、正確的，並具策略性；願景來自內心，也來自外在環境。」此外，高士和甫士拿 (1997) 就願景作出另一定義：「願景標示了終點，亦即是我們付出努力的盡頭；因此，它是以未來為本的，並可在不同階段中實踐的。」

展望未來是創造未來的第一步。來自美國堪薩斯的朋輩支援員基斯·素華談及這個過程：

> *每個人都在不知不覺之間設定願景。儘管在購物時，你會以所買的食物來設定願景，假如你買番茄、薯仔、椰菜、洋蔥和紅蘿蔔，那你當時的願景大概是一煲開胃的羅宋湯了。*

在一項關於職業的研究調查中，密切根大學一位著名的研究員卡萊·慕柏黎 (1995) 發現，那些人有實際的工作經驗，並能「預視」自己將來工作的狀況，在六個月內獲聘的機會率較高。設定願景，是運用你的想像力和創意，去呈現或「預見」一個新的現實。

願景的路標

以你的基本信念和價值觀引導你去設定願景

價值觀，影響我們怎樣看自己和所處的世界，所以每個人會以其獨特的方式去體驗這個世界。由於我們在不同的價值觀和信念影響下長大，難免會以早期的價值觀和生活經驗去看自己的人生，即使有時已對某些事情改觀，但仍會透過那些角度、觀點和價值觀，去過濾我們想要的東西。

> 「一個失明的人不代表他沒有遠見。」
> ～史提夫·汪達

設定復元的個人願景，最重要是要先釐清甚麼是我們真正重視和真正相信的。探索自己最重要的價值觀和信念，是引導我們想像的第一步。

> 「願景是一門藝術，讓人看到那些看不見的東西。」
> ～尊納芬・史威夫特

> 「做些崇高的夢想吧！只要你抱有希望，夢想才會有機會成真，而願景則讓你有望取得成功。」
> ～約翰・拉斯堅

請列出你的一些牢固的價值觀：（例如：我其中一個牢固的價值觀，是做一個好的家長，即使我是在被虐待中成長；我相信付出比我得到的更好。）

你的願景應為你度身訂造

你是獨特的人；有著強健的身、心、靈；相信理想的未來是建基於你的優勢及經歷，並且能夠表達出你是個怎樣的人。你的願景應該如你一樣獨特。

列出你的一些獨特之處：

你的願景應源自你希望得到的東西

引導你去設定個人願景的，必須是你希望得到的東西，而不是別人認為最適合你的東西。尋求別人的意見是有幫助的，但願景必須建基於你想要的東西，以及你期望的未來。在這裡列出一些你想要的東西：

在一個月內，我想要：

在一年內，我想要：

你該能把握你的願景

你的願境應該是清晰的，而不是一組含糊或抽象的概念。透過作出一些行動，該能讓你清晰地預視自己將來擁有甚麼。寫下對自身將來的看法，有助你弄清楚自己的願景。若即將展開復元之路，你一定要全情投入這旅程，一個明確的願景會對你很有幫助。

請具體地寫一件你想要的事物：

> 「最具啟發性的一刻，就是當一個人把不可能的夢想，化作可實行的念頭。」
> ～維克‧布拉登

你的願景必須是固定的，但也要保持彈性以靈活變通。

你個人願景的核心應該是固定的，但那並不是說你要依循一成不變的步驟走向復元。藉著親身經歷，我們都發現復元路徑是變化多端的，並引領我們遇上驚喜。

你如何能令自己開放地面對未知的事和冒險？

> 「無論現時的處境或個人特質如何，每個人都有希望、夢想和抱負。只要運用他們的天賦、能力、技能及可用的資源，他們便可以達成夢想。」
> ～愛麗斯‧利伯文
> 社會工作者

有效的願景設定讓我們感到有力量 (Self-Empowering)

設定願景會讓你為未來作準備。透過編寫自己的人生故事，你為實現一個不同的未來而努力，並為那個未來作出選擇及決定。藉此，你得以建立自信與自尊，並為未來承擔責任。所以說，設定願景的過程讓我們得到力量。

你必須願意相信你的願景和你自己

你必須願意努力去達成你個人的復元願景。重要的是，你要堅信你的願景和你自己，要持續建立你的願景，並要相信它是可以達成的。

確立你想要的未來

下列練習有助認清你想要一個怎麼樣的人生。這個練習是擇自「領導的挑戰」The Leadership Challenge (Kouzes & Posner, 1995)，它可以顯示你的個人願景的一些重要元素。

> 「對你有幫助的不一定也對我見效，因為我們內裡都是獨一無二。」
> ～基斯・梭亞堪薩斯

> 「我們會成為我們所想的。想法就是一切。我們思想甚麼，我們就會變成甚麼。」
> ～釋迦牟尼

練習：

我渴望達成的事

請列出一些你想得到的東西，又或想成就的事，並就每一項提出原因，如是者，自問自答直至列出所有原因為止。

我想：　　　　　　　　　　　　　　*為甚麼？*

練習：

建立我的願景

以下的一些附加問題，有助你拓展及釐清你的願景和勾畫前路的地圖。當你完成這些問題後，可進一步問自己——**為甚麼？**

為甚麼我想作出改變？

如果我不嘗試新事物，我將會如何？

如果我能創造未來，它會是怎樣的？

我理想的生活環境是怎樣的？

在那個環境中會有誰？為甚麼？

我想向自己證明甚麼呢？為甚麼？

我想向其他人證明甚麼呢？為甚麼？

既然你已知道自己想要的未來是怎麼樣，何不運用你的優勢和才能去設計你的復元願景呢？做一個或多個下列一類練習，能讓你創作出更詳細的未來願景。

特別計劃：

創作個人復元願景的拼貼畫

準備下列材料：

1. 大尺寸之紙張、海報紙牌、硬咭紙等。
2. 附有圖片之舊雜誌、月曆、期刊等。
3. 你喜愛的圖片、名言或詩篇。
4. 其他材料，包括：包裝紙、毛線、貼紙、閃粉和顏色粗頭筆。
5. 膠水或膠紙。

在你選取的大咭紙上，創作你個人願景的拼貼畫。首先，從雜誌、月曆等素材剪下一些圖片去表達你理想的未來；拼貼那這些圖片，直至創作出一個你滿意的圖像；加上正面或對你有意義的字句，又或隨意繪上圖畫；也可用貼紙、閃粉、絲帶或任何你喜歡的東西去裝飾你的拼貼畫。以上的方法有助你將正面的未來化成圖像，同時表揚你的抗逆力和能力。

這也是個有趣的小組遊戲，可以跟那些能幫助你設定和實踐復元願景的朋友、或你信任的人一起做。

當你完成了你的拼貼畫，將它放在一個當眼位置，以隨時提醒你正為甚麼而努力。

特別項目：

預備一篇願景演說

想一想馬丁‧路得‧金一篇激動人心的演說〈我有一個夢〉。金博士的演說為民權運動設定了一個願景。現在，可嘗試寫下屬於你的復元願景演說去激勵自己。

1. 取出紙和筆。
2. 寫一篇演說，就像你將要對一班支持者或朋輩講話一樣。
3. 在開始寫一篇完整的願景演說之前，你可以快速地寫下你所有的想法。暫勿篩選或嘗試組織你的思想，只需簡單地列出你的期望、夢想、抱負、盼望和掙扎。
4. 然後，寫下願景的大綱，可用傳統的寫法（例如：一、二、三），也可用一個創新的方式去組織資料。
5. 一篇好的願景演說，是以未來為本的。
6. 你的願景演說應該帶有盼望，並蘊含轉變和樂觀的態度。
7. 嘗試令你的願景演說包含你真正希望實現的東西。

這篇願景演說能夠持續成為鼓舞你的來源，不妨把它放在身邊，建議如下：
- 讀出並攝錄你的演說，當你感到自己遠離了目標，又或覺得沒有動力時，可播放這錄影片段，看看自己怎樣談論你的夢想。
- 將你的演說錄音並不時播放，以提升動力。
- 將你的演說稿過膠，並掛在家裡。
- 將你的演說稿影印，並跟你信任的支持者分享。
- 在朋輩支援小組或會議裡讀出你的演說。
- 向社區中心建議，把你的演說稿刊登在期刊裡。

> ## 特別項目：
>
> ## 預備一篇正式的願景宣言
>
> 願景宣言是簡短而正式的，概述了你希望實現的未來。
>
> 你可能在一些機構的報告內見過這類宣言，一個機構的使命宣言，說明了那機構重要的價值觀和目的。
>
> 你的宣言要傳達出你個人的復元願景，並需用想像力去寫出來的：
>
> - 你的願景宣言應該不多於一段，嘗試用兩、三句句子寫出你的宣言。
> - 好的願景宣言是以未來為本的。
>
> 以下的宣言範例是從一位早期的朋輩領袖瑪西亞・露芙祖改述的：
>
> 「我希望復元，以致我可以與那些未曾經歷過的人分享我的復元故事。」

設訂一條通往成功的路線：建立長期目標

訂立目標是為著幫助我們選擇和得到自己人生中渴望的東西。長期目標的數目總比人數多，因為我們每個人都會訂下幾個目標。當你在上一章寫下你的願景時，你已向訂立目標踏出了第一步。

如果我們按著幾個特定的標準去設計目標，實現它們的機會將會較高。值得留意的是，沒有相關願景的、不清晰的或太遙遠的目標，都較難達到預期的效果，也不能帶領我們到達復元的目的地。

訂立長期目標

本章的開首已引導你成功地想像、思考和寫下你的復元願景,這是一個重大的成就,因它為復元之旅定下了一個或多個目標,讓你更清楚的看見邁向理想的未來的下一步。

沒有目的地就起程,會帶我們走往不想到的地方!

目標有助我們繪畫出通往夢想的路線圖,而長期目標則標示出路程上的分段各點。長期目標跟願景的不同之處,是它具體地指示我們在每個有限的時段,即三至六個月內,應該完成的行動。

也許有些夢想很清晰,但有些則需較具體的演繹。試想想,長遠令願景和夢想成真,你需要做些甚麼呢?

再檢查一下你的願景宣言和夢想,想想哪個目標和抱負對你最重要?它們可能就是你起動的第一步。

每人的願景都不同。有些願景可能較短和具體,可以在三至六個月內達成,例如:「我想花多些時間陪伴家人。」有些願景可能較廣泛,例如:「我想為我的復元努力。」若你的願景很廣泛,你可能要想一些達成願景的實際方法,直至能訂出一個可以在三至六個月內完成的目標,並在你生活的不同範疇中定下多個長期目標。切忌在同一時間內完成所有事情或致力於許多長期目標,因為在這麼混亂的情況下較難成功的。你可以再回頭做這個練習,選擇不同的方向去達成你的願景。

「行動始於想像。」
～芭芭拉・吉祖蒂・夏里遜

第五章

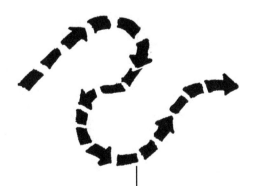

以下的例子是祖馬爾為實踐願景而設定的願景和長期目標。

祖馬爾的願景是:「我想幫助其他有精神病經歷的人。」由於他的願景頗為廣泛,而且有很多方法去實現,所以他先列出所有可以達成願景的方法,包括:參加自助小組、做義工、獲取更多技能和學歷,以利於將來受僱於助人的職業。

祖馬爾下一步是將他大量的選擇收窄為他想做,並可以在三至六個月內完成的行動。他選擇集中去提升學歷,使他可以先獲聘於服務行業,稍後再去當義工。

祖馬爾選擇致力於這個長期目標:「在未來的六個月,我會發掘方法去提升我在精神健康領域的學歷。」

我們可借鏡祖馬爾的例子,透過下列練習去找出一些方法,把你的願景演繹為可以達成的長期目標。

訂立復元之旅的路線:目標圖

> 「選定目標並決心堅持,這一步會改變一切。」
> ～史葛·偉特

> 「萬事始於夢想。」
> ～卡爾·桑德堡

夢想(願景) → 方向(長期目標) → 行動(短期目標)

練習：

訂立長期目標

透過回答以下問題,開始將你的願景分拆成可實現的長期目標:

請列出一些有助開展願景的方向:

在所有可實踐願景的方法中,選擇一個去開始:

檢視一下你已選擇的方法。為此,你是否願意作出承諾?是否你想做的?能否在三至六個月內完成?

請寫出你的長期目標:

_____

_____

你有一個指示方向的指南針

剛才你已就最重要的東西列出一個優先清單。換句話說，你已列出首要考慮的長期目標了！決定並寫下一個長期目標，好比擁有一個能引導你的指南針。有一個長期目標實在很好，事實上，這真的很了不起！這個目標會在你的復元路上引導著你。

你如何每天都把這個目標掛在心頭呢？一個古老的俗語說：「有疑惑就寫下。」你剛才確立了你最重要的目標，現在找個方法，去讓它時刻在你眼前出現，以助你記得自己的焦點。你可以將它寫在筆記簿上、貼在雪櫃門上、寫在日記或貼在浴室的鏡上。

在稍後的單元，你將會學習如何制定一個「個人復元計劃」，它包括一套詳細的方向，引導你去實踐許多個人目標。

你會用甚麼方法來牢記你的長期目標？

「我相信最長的復原之路約1.5尺，這相當於頭頂與心臟之間的距離。當一個人明白復元只需從用頭腦去空想，改為用心堅定地實踐，那人便找到那最長的路。」
～馬克・凱爾素 堪薩斯

我們都不常設定長期目標，也許因為我們都活在快速和瞬息萬變的社會，人們都急功近利，著眼於即時的結果、快速的轉變、即時的投資回報等 (Kybartas, 1997)。但是，根據復元人士的自傳，復元似乎是急不來的，它需要時間和努力去逐步實踐。

要實現目標，我們需要深思、準備和努力，並要有一個具體的行動計劃，而這計劃是由許多短期目標及行動步驟組成。

訂立成功的短期目標

訂立通往成功的路線：循序漸進的旅程

在訂立目標的過程，下一步可以將你的長期目標分拆成細小的可實踐行動，它們讓你在實踐更大或更長期的目標的過程中經歷成功。訂立短期目標有五個重要的元素：

循序漸進地......努力發展那些有助你達成目標的活動。

1. 以正面的語言說明你的短期目標

如果你按自己想要的東西來思考和行動，而非那些不應該做甚至應該停止去做的事，那麼你會更有機會成功。例如，你有沒有想過減肥或戒煙？每年除夕，很多人都立志要減十磅或戒煙，他們有多少次成功？到了二月，大部分人都已經放棄了這些想法，因為他們厭倦於甚麼不能做、甚麼不能擁有、甚麼必須停止做等。

當你轉以自己想要的東西出發，來考慮你的目標，你便向正面踏出第一步。用正面的字句寫出你的目標，描述你想要和能夠做的事，而不是那些會拖累目標的那些你不想做的事。

以下有關目標的例子，具體地陳述一個人想做的事情：

「我希望上樓梯時能夠呼吸暢順些。」或
「我希望結識一位與我每星期相聚的朋友。」

既然你已經知道你想要甚麼，又已經把它用正面的字句寫下，現在，你可列出邁向目標的行動步驟。

「那些你寫出來、大聲朗讀、告訴別人或用心牢記的，才算是真正的目標。」
～茱迪・慕娜

「訂立、實踐和修訂目標，是很有趣的事。」
～邦妮・布萊爾

第五章

2. 選擇有較高成功機會的目標

你的目標應該是你真正希望實現的事，而你的短期行動應該是有助你去達成目標的。有時，周圍的人會說我們永遠不會實現目標，又說我們的目標定得太高或太不切實際。若認定不可能成功，我們當初又怎會展開復元之旅呢？

為了實現目標，你要決定自己想要甚麼，並且按部就班作出行動。當你想到甚麼是可行時，謹記把你擁有的優勢、可用的資源和你投入的程度，一併列入考慮之中，以設計循序漸進的短期行動。

這正如小孩子的謎語：「你怎樣吃下一隻大象？」答案是：「每次吃一口。」當我們一步一步地走向夢想時，我們會驚嘆自己所能成就的事。數十年來有嚴重精神病徵狀和經歷的人，能重新恢復豐盛的生命！你也可以的。

某人寫下她成功的經驗：

> *開始時我十分驚慌，尤其害怕到公眾場所，於是我每天早上強迫自己去一間人多的餐廳吃早餐。就算害怕得全身顫抖，抖動得連食物也掉落，我仍會繼續吃，因為我以自己有勇氣和決心的優勢去面對恐懼。最後，我花了超過兩年的時間去控制這恐懼，不讓它控制我。*
>
> ～珊蒂・路雲斯
> 堪薩斯

把目標分拆成許多可實踐的細項，我們對改變過程產生掌控感。

3. 你的目標須具體、細小並有時限性

當你寫下短期目標時，嘗試非常具體地描述你將會做或希望達成的事。短期目標該有時限性的，應可在三個月內達成。太遙遠的目標很少得以實現的。想一想在未來十個月你會做甚麼？你能為它製作一個清晰確切的行動計劃嗎？對大多數人來說，計劃短期的生活和活動會較為容易。

「最重要的成功秘訣就是作好準備。」
～亨利・福特

「人們各有不同的方法去尋找滿足感和快樂。」
～積臣・布朗

例如,若你的長期目標是認識一些喜歡戶外活動的新朋友,你可以說:

「在四月,我會逢星期四晚上七時半至九時,參加西亞拿中心舉辦的大自然研習小組。」

這個目標是具體的,因為它確實地說明了你將會做甚麼(參加大自然研習小組);它具體指明每日活動的一小部分(星期四晚上七時半至九時);而且它是有時限性(在四月內)。

4. 你的目標須可量度和可觀察

我們需要清楚知道自己是否已經實踐了目標。目標應該有一個看得見而且具體的產物,故此短期行動應該是可量度和可觀察的。我們可定下檢視進度的日期,並確定所作的行動要夠具體,這樣做你便可以清楚知道短期目標是否已經達成,那時你便可以慶祝一番了!

以下的例子,是個寫得很好、可量度、可觀察的短期目標:

「在六月四日上午九時三十分,我會跟迪比於麥田咖啡屋見面。」

5. 你的短期目標須寫得明白和對你別具意義

可能有人曾告訴你應做些甚麼去改變你的人生,那人具體地說明他／她期望你達成某些目標時,你會否感到疑惑不解呢?他們為你寫下來的,似乎並非你所想的!

「在轉角處,可能有一條新路或一道神秘的大門在等著你。」
～托爾金

> 「你一生所做的事也許都微不足道，但最重要是你做了。」
> ～聖雄甘地

以下是個典型的例子：你曾向你的精神健康服務提供者提及，你很想找一間新的房子，因你覺得現在的居所租金太高，鄰居是危險的人，而且業主不維修房子。那位服務提供者將你的目標寫成：「維持社區居住權。」這個目標對你來說並無意義，也掌握不到你的真正所需。含糊的目標是不會成功的。

目標一定要瞄準你的需要，並以你的文字表達出來。當你將長期目標分拆為行動步驟（短期目標步驟）時，那些行動對你才有意義。

例如：

「當我無法入睡時，我會去浸一個溫暖的泡泡浴。」

寫這個目標的人知道，當她不能入睡時，會起床、將泡泡浴露倒入暖水中，然後進入浴缸享受浸浴。這個短期目標對她來說是有意義的（讓她放鬆並有助入睡），並且能令她達成其長期目標，就是保住工作。

> 「展翅高飛，去追尋你靈魂中閃爍的星星；胸懷夢想，讓夢引領你通往成功。」
> ～彭美拉・和爾・史戴

練習：
評估你的目標

請閱讀和檢討以下目標：

「我想了解自己的靈性。」
「我想提升自己的精力。」
「我不想這麼孤單。」
「我想學懂應付壓力。」
「我會按時服精神科藥物。」
「我想感覺自由。」
「我會避免跟別人意見不合。」

你認為如何？

- 你清楚知道列出以上目標的人想要些甚麼嗎？為甚麼？

- 以上目標夠清晰和可量度嗎？

- 怎樣得知這個人已實現了以上目標？

從以上寫得差的目標，可見目標必須清晰明確，並應非常具體地說明一個人想要甚麼。

請寫出一些符合訂定目標所有要素的短期目標。

練習：
結合長期和短期目標

如上面所述,把目標訂得明確可以大大增加實現的機會。相信你現在已經掌握怎樣訂立有效的目標,是時候去為自己的長期目標訂立一些短期目標吧!

請寫出你的<u>長期目標</u>：

請寫出最多五個有助你達成上述長期目標的<u>短期目標</u>：

#1

#2

#3

#4

#5

慶祝！

在這一章，你已為復元訂定一個長遠的願景，並且學會了怎樣訂立長期和短期目標。你選擇了一個你想優先達成的目標，也設計了短期的行動步驟，以復元之旅元路。

至此，你已完成這本自學手冊內的不少練習，你應該接受恭賀的！因為你堅持完成那些練習，讓你對自己和復元的旅程有一些嶄新的看法。

現在，是時候去表揚一下你為自己訂立個人目標所作的努力！試找個你已訂下的目標，然後想個特別的方法去慶祝一下，例如：

- 若你的長期目標是要活得精彩，可以一邊看齣有趣又惹笑的電影，一邊吃些爆谷，輕輕鬆鬆的盡情享受！

- 若你的長期目標是獲取大學學位，而你的短期目標是報讀區內一些文憑課程，可以去買一本印有你心儀的大學標誌的筆記簿，在上第一課的時候便開始用它寫筆記，之後你每當使用它時，便會記起你所訂的目標。

- 若你的長期目標是提升身心健康，可以約一位朋友到公園散步，回家後沖個熱水浴，讓自己好好的放鬆。

- 若你的長期目標是提升你的靈性，可以找一句讓你內心平靜的金句，寫下來，並收藏在你的銀包裡。

你會如何慶祝呢？

「願你真正活出每一天。」
～尊納芬・史威夫特

第五章

「你會做愚蠢的事，但做的時候要懷抱熱忱。」
～高萊特

 參考資料及資源

參考資料

Kouzes, J. & Posner, B. (1987). *Leadership Challenge: How to Get Extraordinary Things Done in Organizations.* San Francisco, CA: Jossey Bass.

Kybartas, R. (1997). *Fitness is Religion – Keeping the Faith.* New York, NY: Simon & Schuster.

Mowbray, C. T., Bybee, D., Harris, S. N., & McCrohan, N. (1995). Predictors of work status and future work orientation in people with psychiatric disability. *Psychiatric Rehabilitation Journal, 19*(2), 17-28.

Peters, T. J., & Waterman, R. H., Jr. (1982). *In Search of Excellence: Lessons from America's Best-Run Companies.* New York: Harper & Row.

資源

Balancing Your Life: Setting Personal Goals by Paul Steven (Resource Publishing, Inc., 1996).

Life Goals: Setting and Achieving Goals to Chart the Course of Your Life by Amy E. Dean & Dan Olmos (Hay House, Inc., 1991).

Life Strategies: Doing What Works, Doing What Matters by Phillip C. McGraw (Hyperion Press, 1999).

The Four Agreements: A Practical Guide to Personal Freedom: A Toltec Wisdom Book by Don M. Ruiz & Miguel Ruiz (Amber-Allen Publishers, 1997).

The Magic Lamp: Goal Setting for People Who Hate Setting Goals by Keith Ellis (CrownPublishing Group, 1998).

Something More: Excavating Your Authentic Self by Sarah Ban Breathnach (WarnerBooks, 1998).

Unlock Your Heart: Goal Setting from the Inside Out by E. Ellen Davis (1st Books Library, 2001).

第六章

旅程的進發：
在人生各重要的範疇中
規劃出我們的目標

本章重點講述幾個重要的人生範疇，並探討你未來希望發展的方向。方法。本章結尾部分將協助你製作一份完整的個人優勢清單，以支持你的復元旅程。

引言

有時精神病的問題會佔據我們的生活，每件關於我們的事，都可以反映出我們的精神病史。我們或會把整天時間花在為患者而設的活動中，彷彿擁有病徵和與病症一起生活就是我們的全職工作。

我們可能開始把自己的人生視為精神病的標籤，忘記了我們擁有的社會角色；讓精神病的診斷扼殺了我們體驗愛、歡樂或成功的機會；放棄以前喜愛的事物，讓自尊受損；感覺人生被困於諸多限制中，覺得沉悶、憂鬱，最終對自己感覺負面。

在復元的過程中，我們可以超越精神病人的身份，參與精神健康服務，尋找新的意義及人生目標。我們會在人生路上向前邁進，並重新獲得豐盛的生命。

有些人可能要從零開始去重建自己認為真正有價值的人生，但大多數人在生命某些方面還是過得很好。為了創造更有意義和豐富的人生，我們會在已有的內在和外在優勢的基礎上，建立並擴展我們的範疇。

> *在成長的過程中，我一直為優勢這概念感到非常掙扎。當我的世界陷入混亂之際，我難以運用我的優勢。我從未認真了解何謂優勢，因為從來沒有人向我解釋過。雖然如此，我仍相信隨著我成熟和成長，我內裡會發展出一些優勢。有些優勢並不明顯，待需要時才會發展起來的。我的「需要時」開始得很早，而優勢也讓我邁向復元旅程。我未必意識到自己運用了優勢，但我相信對於有需要的人它是存在的。*
> ～無名氏名，堪薩斯州

在復元的過程中，我們透過承擔或重拾一些社會角色來跨越精神病人的身份。我們會發現自己可以工作並成為好員工；可以有舒適的生活並成為好租客；可以擴大朋友圈並擁有好朋友；可以參與有創意、好玩及有趣的活動；可以學習新事物並且成長；我們也會開始找到或重獲更理想的身心健康。我們日漸增長的健康狀態，會延伸到生活中一些重要卻又一直被傳統的精神復康服務忽略或否定的範疇，如性、親密感、親子及靈性等方面。

「有一樣東西令一切煥發神采，那就是有好事即將來臨的想法。」
～徹斯特頓

第六章

「建立自信的方法就是去挑戰你害怕的事，並記錄成功的經驗來作為你的支持」
～威廉・詹寧斯・布萊恩

我們很多人被告誡不要接受具挑戰性的經驗或新角色，要等到我們的精神病徵完全消失（無病徵）時才可以。但對大多數人而言，這並不是復元的方法。事實上，即使精神病徵持續出現，很多人仍能透過復元的過程重拾完整而有趣的人生。開始探索復元的範疇、整理有意義及有秩序的日常生活、重建我們的支援網絡、找一份工作或其他有效運用時間的方法，都可以幫助我們減輕病徵。有時即使在完成復元後，病徵仍繼續存在，我們會學習管理自己的病徵，以免影響我們的進展。

> *多年來，我發現了很多曾在復元過程中幫助過我的資產。透過留意自己的優勢，我建立了正面的自我形象，也發覺自己是個完整的人——既有優勢，也有缺點。我認為專注於正面，可使我聚焦在自己的優勢和有待加強的地方。人生是一個持續的過程，我認為復元的過程是好的，因為它讓我思考我作為一個人的表現如何。我發覺自己每天都在復元路上變得更健康、更堅定了。*
>
> ～蘇‧班尼特，堪薩斯州

在復元的過程中，我們不會忽略精神健康的問題。很多人會繼續使用精神健康服務，並學習自我照顧的技巧及身心健康策略，以便更好的管理精神病徵。事實上，我們有時仍會復發並要花上大量心力去關注自己的精神健康。然而，當我們訂立好復元目標並向著目標進發時，克服病情的反覆，則會變成那更有趣、更豐盛的人生裡的一項挑戰而已。若遇到復發，我們曾在復元上所作的努力會讓我們較易回復健康。

「我從小被教導要去猜度和達到別人對我的期望。我花了很長時間才學會不用別人的眼光來批判自己。」

～莎莉‧菲爾德

> *從我得病直到復元的過程，我的各種優勢和能力均在我維持健康和成功上起了作用。*
>
> ~嘉莉・肯特，堪薩斯州服務使用者

「自我觀察可讓我們作出更好的選擇。」
~萊斯・希根斯，堪薩斯州

如果整天只是想著自己的問題、不足、病徵和精神健康問題，我們便會更沒有盼望。努力於復元能推動我們早上起床，面對人生。有時候，病徵的減輕使我們有興趣進行其他範疇的復元，而努力於其他的生活範疇，也給予我們改善自己精神健康的理由和方法！當我們對自己的復元變得更積極、更興奮時，自然更想提升自己的全人健康，以克服任何障礙，並達成教育、工作、休閒生活、社交及靈性各方面的目標，也自然地希望減少妨礙我們達到目標的負面行為，例如：濫藥及酗酒。當我們處理這些障礙時，精神病徵往往會減少，甚至消失。

第六章

> *為自己的選擇承擔責任、了解自己的病徵及藥物、保持堅毅及頑強、願意求助、有信心及盼望、忠於復元並持有強大的決心，這些都是我繼續走上復元旅程的優勢。對於自己的現況及能夠在服務人的行業裡工作，我覺得非常感恩。我不只看到「隧道盡頭的光」，我已經差不多走出隧道了。復元真是個美好的過程。*
>
> ~當娜・史多力，
> 堪薩斯朋輩支援員

本章幫助我們仔細檢視生活的各個範疇、看到自己在這些範疇的現況，並展示我們希望日後向甚麼方向發展的一些想法。我們所作的這些決定會引導我們在想改進的範疇中，創造更滿意的人生。

在本章，你將會就一些生活範疇作出探討和設定初步目標，這些範疇包括：學習、所擁有的資產、工作、休閒及娛樂活動、身心健康、親密關係及性生活、靈性生活等，而第七章會較集中於社交關係。作為你復元過程的一部分，你會希望對每一範疇作較深入的探討，這範圍很廣泛，我們每次應專注處理一個範疇，切勿在過程中匆匆忙忙地草率了事。你可能想由你認為最重要的一、兩個範疇開始，又或者想逐一處理，直至你完成各個範疇。

- 你會確定自己現時在每一範疇的現況。
- 你會定出自己日後希望達到的狀態。
- 你會進行腦力激盪，以探討你人生每一範疇的長期目標。
- 你要以你對自己優勢的認識，去決定如何運用你的內在和外在資源，以支持你達成目標。

本章結束時，你應該已經採取了一系列的步驟來了解自己希望達到的人生，也該已開始規劃如何向你想要的未來邁進。

你在本章所作的決定，將會成為你在第八章建立「個人復元計劃」的基礎。

「過份專注未來不只會窒礙我們看清現狀，也往往會促使我們重組過去。」
～艾力・賀佛爾

邁向家園：

家居環境範疇

良好的生活環境是支持復元的非常重要因素。一項調查發現，超過一半接受調查人士表示，良好及安全的住所是使他們轉向復元的因素 (Coursey, et al., 1997)。針對支援性住所的研究顯示，安全、得體、經濟上可負擔的住所，可減少九成無家者，並降低精神科住院率一半 (Ridgway & Rapp, 1997)！

為甚麼有個像家一樣的居所，對我們的精神健康那麼重要？

- 首先，一個可以稱為家的地方就是安全的空間。每個人都需要私隱（所需程度或會因種族和文化不同而有異）。有足夠的私隱讓人感到舒適，並使身心完全放鬆。

- 我們可以透過身邊的東西來表達自我、興趣、文化及家庭身份，也可以藉著個人物品及整理生活空間的方式來展現個人身份，並幫助自己發揮更好的生活能力。即是說，個人物品就是我們的「身份指南」(identity kit)，有助我們度過生活的每一天，並讓我們對自己感覺良好。

- 我們會以自己的生活環境為中心。如果感覺沒有一個屬於自己的地方，那麼人便會感到迷失（這情況也會發生在從來沒有精神健康問題的人身上）。

- 生活環境是我們照顧自己生活所需的地方。在那裡，我們可以滋養、培育及安撫自己，並且每日進行靈修。日常的自我照顧習慣，有利我們進行復元並使每一天的生活更具條理。

- 我們會按不同的季節，整理或裝飾自己的生活環境，或烹調及享用不同美食；而每年慶祝重要的節日，則可為我們的生活提供安舒的規律。

- 有合宜的生活環境，讓我們有正面的社會地位，有利我們與鄰里或社區建立聯繫，並讓人有落葉歸根及歸屬之感。

第六章

「沒有地方像家一樣。」
～《綠野仙蹤》主角
桃麗茜

「告訴我你居住地的風景，我就知道你是一個怎樣的人。」
～奧特嘉

關於擁有合宜的居所和家的感覺，您的現況如何？

☑ 請選擇適用的項目

☐ 我居住的地方讓我有家的感覺。

☐ 我感覺我的生活環境安全。

☐ 我有能力負擔我居所的開支（我在房屋方面的開支佔我收入的百分之三十或以下）。

☐ 我的生活環境有個人風格，可以反映我的興趣及品味。

☐ 我住在我想居住的地區。

☐ 我的住所讓我有足夠的私隱。

☐ 我可以根據個人喜好保養自己的生活環境。

☐ 我把自己的生活環境整理得井井有條，以助我保持身心健康。

☐ 我希望繼續在我現在的地方居住。

☐ 我的家庭組合（如：獨居或與人同住）符合我所想。

「我們選擇的友伴，會成為我們心靈的博物館及經驗的資料庫。」
～湯瑪斯‧傑佛遜

練習：

探討居所和家園方面的優勢

請列出你<u>現時</u>擁有的居所及家園方面的優勢：（例如：我尚且滿意我的寓所、我有幾張喜歡的藝術海報、附近有一個我喜歡去散步的大公園、家中的煮食爐夠大）

你<u>以前</u>用過哪些居所及家園方面的優勢？（例如：我曾有五年時間擁有屬於自己的居所；我曾享有租金津貼；我懂得縫紉，自己曾縫製窗簾）

你想在<u>未來</u>達到甚麼居所及家園方面的目標？（例如：我想在巴士線附近居住；我想有個室友可以分擔支出；我想買一張沙發（二手的？）；我想留著現時的居所，並使居所更安全、更好）

運用你的優勢來達到你居所和家園方面的目標

為了達到生活環境上的目標,你可以利用你擁有的優勢和資源:*謹記你所列出的優勢可以是:*

- *內在的*(例如:我的居所讓我感覺平靜;我懂得烹飪及製作有營養的美食)

- *外在的*(例如:我有一張又大、又紮實、又舒適的沙發;我的室友邁克可以幫我分擔房租)

你可以利用甚麼既有的社區資源,來達到你的居所及家園方面的目標?(例如:我要向煤氣公司申請費用減免)

你想申請甚麼正規服務以達到你的目標?(例如:我的個案工作員可以幫我申請津貼,為我的寓所添置傢俱家電)

認清你對所述目標的感受和態度：（例如：我真的為更新我的寓所感到非常雀躍；我對獨自搬出去感到相當害怕，但我覺得必須冒這個險）

你在邁向目標時可能會遇到甚麼重大的障礙？（例如：若沒有租金津貼，我可能需要找個室友 分擔租務）

你有何策略克服阻礙你達到居所及家園方面的目標？：（例如：我現在就要申請生活津貼或宿舍，因為公共房屋輪候名單要等兩年）

當你向這些目標邁進時，你會如何記錄自己的進展？（例如：用筆記簿記下我需要改善居所的東西，然後每找到一樣就把它刪去）

你達到目標後會如何慶祝？（例如：當我重新油漆房間後，我會邀請朋友阿森來共進晚餐）

一邊學一邊做：教育範疇

我們很多人在中學或大學階段初次經歷到精神健康問題，往往因而中斷我們求學之路。

有些人曾被告誡不要重返校園去完成學業，因為壓力可能太大。約在十五年前，教育支援計劃得到發展，而且結果令人難以置信。這些計劃的研究顯示，大部分有精神病徵或問題的人都可以成功完成正規教育課程及大學教育，而且通常取得佳績 (Unger, 1998; Mowbray, 2002)。我們有些人已經完成學業並希望運用其知識和技能，或在一段時間後想提升所學。

有些人希望學習成為稱職的精神健康服務提供者。美國有些州份會提供教導朋輩成為精神健康服務提供者的課程。堪薩斯州已有一段時間進行「復元工作者」(CAP) 計劃，陸續訓練很多很好的精神健康工作者。香港近年也開始為復元人士提供「同輩支援員」的培訓。

很多人提到教育一詞，會自然地聯想到教室的環境，其實教育並不限於出席課堂或取得學位。要在生活和復元中取得成功，我們必須終生學習。諺語有謂：「到處留心皆學問」，學習不限於課堂，也包括在日常生活中所認識的新事物。學習可以是加入自助組織、觀看教育電視節目、閱讀一本圖書館的書、在互聯網上搜尋新資料或參加報章上刊登為公眾而設的教育活動。

參與教育活動有助我們成長、改變、擴闊視野及在各不同方面擴展自己。學習跟復元是平衡發展的，兩者都是持續的過程，以裝備我們迎接人生路上的新挑戰。

> 「教育是我們通向未來的護照，因為明天是屬於今天為它作出準備的人。」
> ～麥爾坎・X

> 「每一步越趨肯定，每一握越趨堅決。」
> ～莎拉・布蘭納克

> 爸爸是我一生中最了不起的導師。他總是告訴我，教育是一樣沒有人能從我身上拿走的東西。他學庫五車，對時事和歷史總是充滿興趣，也會跟我分享精彩的故事。
>
> 現在我無法負擔上大學的費用，卻以爸爸為榜樣：我幾乎每天都閱讀，並且盡可能學習一切事物，這對我極有幫助，不只讓我自覺是個有趣的人，還在與人相處時自覺是個頗健談的人。我的這一方面對復元非常重要，因為當我的精神病況非常嚴重的時候，我完全無力去閱讀和學習。我相信自學的旅程對我將來重返大學時會很有幫助。
>
> ～喬安・哈裡，堪薩斯州

「學乃身之寶。」
～中國《神童詩》

我們參與教育活動的理由很多：或想提升自己的技能，增加找到更有趣、報酬更好的工作機會；或想重返校園並去上課，以完成一直在擱置的學位；或想學習新事物以增加自信；或想對自我和復元的認識打好基礎；或只是想認識更多某個感好奇的題目。

> 即使在我的旅程中向前邁進時，我仍深受過往負面事情的記憶所困擾，這往往會擾亂我的生活。在艱難的時候，這些負面記憶會令生活非常糟糕。我很難留在學校，因為我的心思都被我過去的紛亂所佔據。我很難看清現況，因為黑暗與孤寂的思想充滿了我。當我被以往黑暗沮喪的情景佔據時，我會無法集中精神，我需要很大的勇氣，才能過度這些混亂並向前邁進。
>
> 大學、研究生的工作，以及「復元工作者」(CAP) 計劃，讓我有機會善用我的（優勢）聰明和責任感。在我的生命中，挑戰是一件好事，因這會讓我發展出很多技巧，也會讓我對保持成功和愉悅的生活抱有希望。
>
> ～無名氏名・堪薩斯州

「經驗是一位嚴師，先進行試驗，然後才授課。」
～弗農・羅

第六章

練習：

探討教育方面的優勢

請列出你現時擁有甚麼教育方面的優勢：（例如：我觀看有關動物的教育電視節目；我有圖書館的借書證；我有十八小時的大學學分）

你過去用過那些教育方面的優勢？（例如：我在香港大學社區學院成功修畢六小時的美術史課程；我以前閒時喜歡看小說）

你想在未來達到甚麼教育方面的目標？（例如：我想重返校園完成我的副學士學位；我想加入讀書會；我想學習如何使用電腦）

運用你的優勢來達到你教育方面的目標

你可以運用內在和外在的資源,協助你達到教育方面的目標。*謹記你所列出的優勢可以是:*

- *內在的*(例如:每當我學習新事物時會感到振奮。)

- *外在的*(例如:我的朋友<u>吉伯特</u>可以教我如何修理單車輪胎)

你可以利用甚麼既有的社區資源,來達到你教育方面的目標?(例如:我會利用社區提供的英語課程,認識更多英語詞彙;我會用圖書館的電腦,學習更多關於鯨魚及海豚的知識)

你希望申請甚麼正規服務或支援,以達到你教育方面的目標?(例如:我會去了解一下有甚麼支援助我重返校園;我會嘗試用持續進修基金或獎學金來支付我的學費。)

第六章

辨識你對教育方面的目標的態度：（例如：我確實為嘗試學習縫紉而感到興奮；我對重返校園之未知數感到害怕；我一直以來都喜歡上學；由於未能取得中學文憑而無法找到一份好工，為此我感到很憤怒）

在邁向這些目標時，你可能會遇到甚麼障礙？（例如：我的收入不足以支付大學課程的學費，我需要申請獎學金；我在時間管理方面有困難【對取得學業成就而言，時間管理是最重要的技巧】）

指出你如何克服先前列出的障礙。（例如：我會向資助辦事處查詢有關獎學金或貸款的資料；我會在互聯網上找尋資助的資源；我會買一本日記簿並製作待辦事項清單；我會儲錢買副新眼鏡）

當你向這些目標邁進時，你會如何記錄自己的進展？（例如：我會用一本日記簿記錄我練習手語的時間；我會追蹤我的平均成績，確保平均分維持在 B 級）

你達到目標後會如何慶祝？（例如：每星期上課後，我會買一杯咖啡獎勵自己）

復元旅程的車票：

資產範疇

為了在復元旅程上得到所需的資源，我們都需要建立資產。缺乏金錢會使我們感到焦慮、憤怒和抑鬱，這些感覺並非病徵，而是低收入人士常有的情緒！這些情緒會影響我們的身體健康，最終也影響我們的復元。我們也知道低收入人士和沒有購買保險的人士，比其他人出現精神問題的機會率大近乎兩倍，因此低收入或可對我們的精神健康帶來負面的影響 (Henning, 2001)。

在這本自學手冊裡，我們已經思考及寫下了關於復元的個人願景，已經用各種方法找出自己的優勢，並已經開始設定目標。為達到復元目標，我們需要收集足夠的資源來維持我們的旅程。

我們大多數人只有有限的資源，殘障人士的入息和福利水準低，往往迫使他們掙扎求存。有限的資源和貧窮會對復元造成負面影響。貧乏的福利根本不足以讓人應付基本生活的開支。有些人不能控制自己的收入，也有些人缺乏如何決定購買或善用金錢的資訊。

缺乏資產會削弱我們的鬥志，使我們無法在不同的生活範疇做喜歡或需要做的事，例如：若我們擁有較多資產，就可以買較好的食物、住較好的居所、負擔較好的交通方式等。雖然增加資產沒有捷徑，但我們可以有策略地儲蓄，亦可以改善運用已有資源的方式。朋輩領袖柏翠茜亞・迪根 (Patricia E. Deegan) 指出，我們經常被鼓勵去適應那不正常的極度貧窮，其實**無法在極貧窮的收入下生活得好，並非個人的失敗！**

我們通常認為資產就是現金，但那不限於手頭錢，還包括我們擁有的所有個人財物、技能甚或才幹，例如擁有一輛汽車或傢俱。然而，在這部分我們集中討論金錢。

「有錢和可以用錢買的東西都是好的，但偶爾檢視一下，確定你沒有失去金錢買不到的東西。」
～喬治・洛理默

第六章

「原來，金錢就好像性一樣，沒有的時候你滿腦子只想著它，有了它你卻只會想別的事。」
～詹姆斯・鮑德溫

在這部分，你要認清自己所擁有的財政資源，以及所有財務上的負債。處理金錢的專業人士（如會計師及銀行家）通常會製作所謂的「資產負債表」，用作比較資產和負債，以幫助我們了解自己整體的財務狀況。完成第一個練習後，你或會想為自己製作一份資產負債表。

練習：

流動資產及我想要或需要的東西

使用下頁的表格，盤點一下你已經擁有和需要的資產。這清單可用以記錄你的金錢和其他資產，以及得到更多資產！完成這檢查清單後，請再次複查它，並在你想加以集中之處加上記號。

以下是幾個例子關於其他人認為自己要努力以邁向復元的方向：稅務上的補助、使用及結算支票簿的資料、財務預算及金錢管理、申請低收入生活津貼、低收入水電煤資助、以以物易物方式換取所需的服務／資源、自己當收款人、保險資料、福利狀態及重返職場的資料。

當列出你的資產後，你可以在再下一頁的表格上列出你的負債；完成填寫兩個表格後，便可以檢視資產和負債之間的差額。

> 「要尋找自我，必先獨立思考。」
> ～蘇格拉底

> 「不要被你缺乏的東西所驅使，如同被已得到的東西所驅使一樣。」
> ～馬可・奧裡略

財政資源及資產	我已擁有	需要獲得	為獲得更多資產或資源，我要做的事
每月收入穩定			
醫療保險或醫療券或醫療豁免			
負擔得起的住所			
交通			
保險			
儲蓄戶口			
支票戶口 / 支票簿			
整理賬單的地方			
工作 / 薪金、資助支票			
製作預算的能力			
看懂銀行月結單的知識			
有人幫我處理金錢			
認識自己的信用評級			
其他人欠我的錢			
稅務記錄			
賺取外快的才能 / 技能（列出它們是甚麼，包括以物易物或交易能力）			
我符合申請資格的福利（列出已知或可能的福利）			
其他資產（你可能要另加一張紙）			

第六章

負債（賬單或借貸）	所欠金額	我想如何處理：
	$	
	$	
	$	
	$	
	$	
	$	
	$	
	$	
	$	
	$	
	$	
	$	
	$	
	$	
	$	
	$	

增加資產的貼士及建議：

$ 我們不希望常想著「可憐的我」，因為這樣只會把自己變成受害者。我們有能力改善自己未來的財務狀況，增加自己的資產！

$ 我們要與其他貧窮的人團結起來，以爭取更多福利，或可加入各種經濟人權組織。

$ 我們可以為自己爭取並申請所有合資格的津貼計劃。

$ 有些人會說「我不擅理財」，即便如此，也可逐步學習管理自己的財政，又或找人提供正式或非正式的協助。

$ 金錢及財務常常反映我們對自己的想法及自我形象。在購物時，我們可嘗試專注於正面的自我形象。在情緒低落時，我們就不宜作任何財務決定。

$ 我們可以與其他人交換如何應付極低收入的方法。

$ 在財務狀況良好的時候，我們應該避免為花錢而花錢。有時我們感覺非常好的時候，會以花錢作為一項休閒活動，有人開玩笑地稱之為「購物治療」，這種花錢可給人瞬間的舒暢和滿足，但長遠而言，只會弄巧成拙，成為我們復元路上的障礙。

$ 每月製作支出預算，並堅持執行是個好辦法。若需要學習製作支出預算，我們可以找個有經驗的朋友或社福機構來幫助自己。有些人真的需要或被強制由他人協助管理自己的財務，這時我們可仔細地找一位良好的代理人。

> 「最安全又能倍增你的錢的方法，就是把錢對摺然後放進自己的口袋裡。」
> ～法蘭克・賀伯特

第六章

> 「金錢於我在社會的存在，猶如健康於我身體一樣重要。」
> ～梅森・古尼

$ 我們不應讓廣告商影響我們作購物的決定。賣最多廣告的，往往是我們最不需要的東西——例如：汽水、啤酒、香煙、糖果、名貴球鞋、預先包裝的食物和速食。

$ 我們可以把一些自己不穿的衣服或家庭用品，放在二手商店出售，通常可以得到些微收益。

$ 我們可以到二手店購物，並會驚訝地發現，很多東西的價錢低得令人難以置信。逛二手店是個尋寶歷程，而且相當時尚。有些二手店除了原本的低價以外，還會有清貨特賣，還不時加入一些新存貨。我們可以帶朋友一起去尋寶！

$ 我們可以買一些盡少經過加工處理的食物（例如：水果、蔬菜、米、馬鈴薯和肉），預先包裝的食物都是昂貴的。

$ 我們可以到那些重視我們為顧客的商店購物，而重視的態度可表現於合理的價格、有禮的態度和接受退貨的做法上。

$ 我們可以購買特價貨品，要有耐性並確定自己真的需要該物品，然後才購買。

$ 我們可以透過持續而少量的還款，慢慢地逐步清還我們的負債。這可能要花上幾年時間，但當我們終於付清一筆債項時，感覺是非常好的！

$ 我們可以試試不要在肚餓的時候到超級市場／雜貨店，這會令我們很容易因衝動而購買垃圾食物或昂貴卻不實用的東西。

$ 當我們正在考慮購買一些名貴物品（如電器）時，帶一位對該物品有深入認識的人一起去，讓對方幫助我們作出最好的決定。《消費者報告雜誌》將很多消費品進行比較並給予評分，我們可以到圖書館查看。

- $ 如果我們要擁有信用卡，應該嘗試限制自己只要一張。擁有幾張信用卡會使我們容易失控，不知道自己要付多少錢。如果無法每月付清卡數，則應完全避免使用信用卡。信用卡的高昂利率是個陷阱。

- $ 如果以分期付款買東西 (例如電暖爐)，我們應該了解有多少利息需要支付，才決定是否值得購買。

- $ 我們可以避免成為「悲劇中的笨蛋」。巴納姆（P.T. Barnum）常被引用的名言是「每分鐘都有笨蛋出生」。我們不應因自己的愛心、關心、理想主義或知識不足而遭人佔便宜。

- $ 我們可以到處看看，嘗試找免費的支賬服務，還可以用電子付款來自動繳交很多帳單。

- $ 若有足夠的收入，我們可以開立一個存有最少一個月收入的儲蓄戶口，以備不時之需。

- $ 我們可以運用創意來幫補收入，也可查看支援我們回歸職場的資源。

- $ 如果我們有工作，我們要有好的投資策略及分配好強積金的投資。

- $ 每個人都會作錯的財務決定，我們可以從錯誤中學習，而無需糾纏於過去的錯誤。

- $ 我們可以成為社會行動者！貧窮問題需要我們每一個人共同去對付，我們可以聯結其他人爭取更好的福利和合理的工資。

「錢是由社會創造的，因此其價值也是社會性。」
～拉爾夫・沃爾多・愛默生

第六章

練習：
資產的優勢

請列出你<u>現時</u>擁有甚麼資產方面的優勢：（例如：我有醫療券、醫療豁免；我每月的收入穩定）

你<u>過去</u>用過哪些資產方面的優勢？（例如：我曾兼職並擁有一個儲蓄戶口；我曾經買過一份醫療保險）

你想在<u>未來</u>達到甚麼目標以改善你的資產？（例如：我想學習如何妥善製作財政預算及結算；我想管理自己的收入）

運用你的優勢來達到你資產方面的目標

為了達到你所訂的目標,你可以運用自己特有的優勢和資源。*謹記你所列出的優勢可以是:*

- *__內在的__*(例如:當我可以為自己的金錢自行作決定時,我感到事情都在我掌控之中)

- *__外在的__*(例如:我可以去免費的金錢管理工作坊,學習如何製作財務預算表)

你可以利用甚麼既有的社區資源,來達到你的目標?(例如:我會利用債務重組的服務)

你想申請甚麼正規服務來幫助你管理資產?(例如:我會請我的個案工作員為我發聲,幫助我取得福利並解決檔上的問題)

描述你對目標的態度：（例如：我決心要得到更多資源；我討厭常常都一貧如洗）

在邁向這些目標時，你可能會遇到甚麼障礙？（例如：我不喜歡甚或害怕數學；我就是不了解那些文件，我真的需要幫助；我遺失了所有的稅務表格文檔；我只有少許福利，但如果我收入增多，我的福利便會減少，甚或需要支付自己的藥費）

你可以運用甚麼策略，來克服妨礙你達到目標的障礙呢？（例如：我的朋友萊恩以前在銀行工作，可能他可以教我如何製作資產負債表和財務預算；我會開始想辦法去找些兼職；我可以買一本筆記簿並製作「待辦事項清單」）

在你邁向這些目標時，你會如何記錄自己的進展？（例如：保存收支預算表；結算我的銀行簿；開立儲蓄戶口並監察我的存款）

你達到目標時會如何慶祝？（例如：萊恩和我一起製作財務預算後，我們一起去喝咖啡；我會獎勵自己作少許揮霍，買一樣購物單以外的物品）

建立事業發展路徑：

職業範疇

以前，很多人會勸我們避免工作，因為會壓力太大，但研究確實地顯示，有精神病徵及親身經歷的人不能或不應工作這說法是不對的。事實上，很多人發現工作是支持我們痊癒和復元的強大力量，而研究結果也顯示工作對我們甚有益處。在其他國家，有更大比數的精神病患者都在工作 (Ridgway & Rapp, 1999)。

工作的益處

我們有很多人發現工作實在對我們的精神健康有好處，以下是根據加州一位朋輩凱文・華殊所述有關工作的益處，並由「美國各州精神健康計劃主管聯合會」製作成推廣工具。

- 工作就是治療
- 工作顯出我們的能力，而非限制
- 透過抵抗無價值或無用的感覺，工作改善了我們的自我觀感
- 工作推動我們面對具挑戰性的人際關係，這有助我們成長
- 工作推動我們自我實現（成為最好的自己）

探討工作的世界

如果你有興趣去工作，你可能會考慮很多事情，其中最重要的是動機，就是問一下自己以下問題：

- *我是否有工作的動力？*

- *我工作的動力從何而來？*

- *我工作的動力是發自內心並能反映自己的願望和價值觀，還是被別人或外在因素鼓勵甚或強迫我去找工作呢？*

「職業……包括尋找一個結集世界所需與一己所長的地方；在那裡，你的付出會被欣然接受。」
～占士・卡羅爾

> ### 動機評估
>
> ☑ 選出最接近你對工作的感受之項目
>
> ☐ 非常有動力
> ☐ 很有動力
> ☐ 有點動力
> ☐ 稍有動力
> ☐ 現時沒有動力

動力非常重要,因為它是唯一與工作成就有關的特質 (Ridgway & Rapp, 1999)。動力比工作經驗、治療歷史、我們的診斷和可能有的精神病徵更重要;若動力較大,受僱的機會亦較大!

如果你現在不是很有動力,那你可以如何提升動力呢?

找到工作的一個最重要因素,是你能否預見自己成功獲聘。一項研究發現,能看見自己會在不久的將來(六個月內)獲得工作的人,較容易在該段時間內找到及維持一份工作 (Mowbray, et al., 1995)。

你能預見自己在工作嗎?如果能,那會是怎麼樣的呢?如果不能,為何不能?

「一個人若找到適合自己的工作,那真是有福,請不要再祈求別的恩典。」
～湯瑪斯・卡萊爾

如果你想工作，卻又無法預見自己工作的樣子，你能夠做些甚麼去克服障礙以改善這情況呢？

「快樂的關鍵是找到自己適合做甚麼，並把握機遇去做。」
～尊・杜威

這裡有一些方法助你變得更清晰及更有動力：

- <u>尋找正面的榜樣</u> – 找成功在職的朋輩傾談。

- <u>運用正面的自我對話</u> – 重複告訴自己：「我可以工作，出去工作比我想像中容易，工作會給我很多回報。」

- <u>進行資料性的會談</u> – 很多在職人士發現，跟成功人士一起探討自己的興趣，有助加深相關方面的了解。你可以聯絡一些在你有興趣的領域、環境或工作類型任職的人，請對方跟你約個時間談談，了解該工作的實際情況、重要的資格要求、準備功夫、工作環境等等。對方可能會因此感到榮幸，而你也能加深了解如何在那類工作中取得成功。

尊重你的興趣和能力傾向

找出你覺得有興趣而且獲益良多的範疇是重要的。在堪薩斯進行的研究發現，很多為工作而隨便找一份工的人很快就會辭工不幹，因那工作跟他們的興趣或價值觀不相符 (Boyd, Ridgway & Rapp, 1998)。另一項研究發現，那些找到符合自己喜好和興趣的工作的人，留任時間比那些工作與自身重視的東西和特徵無關的人長約兩倍。我們要學習在探討自己的興趣時不要低估自己。以前，我們會被引導到低層次的工作，而不知道其實還有他選。現在，我們知道我們可以任職於任何崗位，從朋輩支援員到教師、從侍應生到行政總裁、從法律秘書到精神科醫生都可以！

第六章

你的興趣是甚麼？

你是否清楚知道自己可能會喜歡哪一類工作？

「每個社區總有要事待辦，每個國家總有創傷待療，每個心靈總有力量成就大業。」
～瑪麗安‧威廉森

你知道自己的能力傾向嗎（甚麼是你喜歡或擅長做的事）？

重溫你的優勢清單，有哪些重要方面值得探討、可能成為你發展事業之興趣所在？

請列出你自知擅長和感興趣的事：

格裡夫・麥古利是來自科羅拉多州的朋輩工作者，崗位是就業指導。他向其受助者提出了一個問題：「有甚麼事情可以喚醒你，使你感到朝氣勃勃？」**你會怎樣回答這個問題呢？**

姬絲桃分享了使她感覺極好的事：

> 當我在州立精神科醫院時，我把職員玩弄在股掌之中，我知道做甚麼事會嚇怕他們！長久以來，我都用這種方式來得到好處，我發現得到負面的關注也很值得－我就只知這樣！
>
> 後來，當我明白到也許應該嘗試取得正面的關注時，我發現我可以做一件有用而積極的事，就是將自己無論是正面或負面的所有感受也寫出來，而不是發洩在職員、其他人或自己身上。我發覺我很多作品可以被稱為「詩」，因此我成為了詩人，作品在全國獲得肯定，甚至讓我在 2000 年獲提名為「年度詩人」，而我的詩作被收藏到「國會圖書館」，並獲傳媒廣泛報道。每次我想傷害自己的時候，我就開始寫作。
>
> 我很感恩，如果我的人生可以再來一次，我可能不會作任何改變。今天我擁有自己的人生，無需理由也可以開懷大笑！我今天的眼淚並不是悲傷的眼淚，而是喜樂的眼淚；我難以相信自己能夠突破，不再是從前那個沉鬱、對生命那麼負面的我。
>
> 姬絲桃・德樂詩，
> 堪薩斯州

認清工作場所的重要事項

請想一想自己要求怎樣的工作環境，這點很重要。我們有些人喜歡繁忙的環境，但也有人想把步伐放慢一點；有些人喜歡跟其他人一起工作，但也有人情願獨自工作。我們也應該考慮工作對體力的要求，並跟自己的體能作比較。如果那份工作對我們很重要，但對現時的身體狀況而言過於吃力，那我們可考慮先提升自己的體能，再嘗試做那份工作。

第六章

「工作就是看得見的愛。」
～哈裡利・紀伯倫

寫下對你很重要的一份工作或工作場所應有的特點：

「真正的歸屬感不只是由相互的關係而生，也是由一個有共同責任和利益的地方而生。我們愛的不只是已得到的東西，還有我們創造的東西，以及共同創造那些東西的夥伴。」

～羅拔・芬奇

廣泛善用社區資源

當我們探討工作領域和設定職業目標時，有很多社區資源可供使用的。

- 本地圖書館可供上網，也有報紙可看招聘廣告。
- 成人教育課程有助我們發展基本技能，如讀寫能力或其他再培訓課程。
- 求職服務提供職位空缺資料和就業輔導。
- 輔助就業服務可以幫助我們重返職場。
- 告知你所有的支持者你正在找工作。

了解並維護我們作為僱員的權利

當我們開始考慮工作時，應花點時間來了解我們的權利。在香港，《殘疾歧視條例》為殘疾人士提供法律保障，讓他們享有平等機會，並保障他們在僱傭及其他方面免受歧視、騷擾及中傷。僱主如基於其僱員的殘疾而在該僱員受僱期間對他作出歧視或騷擾，即屬違法。大家可從平等機會委員會、互聯網或社會服務機構尋找更多相關資料。本章結尾也列出一些有關這條例的資料。

揭露自身經歷以要求合理調節

我們可以自行決定是否向僱主及同事透露自己的經歷。如果我們想得到《殘疾歧視條例》的保護，我們必須告知僱主我們有精神健康上的病徵，並要求「合理的調節」。

若我們選擇透露自身經歷，我們或符合資格享有專門為工作場所而作的調節，讓我們可以勝任工作。

我們必須有能力去執行所有工作上的日常流程，但卻可能需要支援才能在工作上取得成功。肢體殘疾人士可能需要輪椅斜道或特別的傢俱。像我們有精神健康問題的人往往需要其他安排，如：方便我們去覆診的彈性工作時間、跟上司建立的某種溝通方式等，又或於硬體上作出一些改變，譬如安裝減低噪音的小間隔。

寫下哪些你可能需要的任何特別安排：

「做對的事永遠不會嫌遲。」
～馬丁・路得・金

當我們需要改變事業發展路徑時

我們很多人在經歷精神病徵前，已經建立了自己的事業路徑，又或在照顧家庭。有時我們會在事業路徑上失去據點，發覺自己以前的成就都溜走了。

以下是蘇塞特・馬克對她生命中這個過程的描述：

> 作為健康專業人員卻患上精神病，這給我造成了各種問題。首先，出現嚴重病徵時，我完全失去了工作。然後，我發覺如果我的專業牌照註冊局知道我的精神病史，恐怕我的專業認證也難以保留，所以我選擇不重返從前的工作領域。這使我感到很慌亂，想弄清楚我該做甚麼、去哪裡、怎樣才能有望找到工作以支撐我在物質、靈性和專業上的夢想。患上精神病使我在某程度上只能依靠精神健康服務系統了。
>
> 幸好有精神健康服務系統……但我同時也咒詛它。想獨立和追求成就，不是我在做學生和僱員時推動我拼命努力的元素嗎？不就是這樣才使我成為那個甚麼都做得到、甚麼都想要、可以同時做五十件事而仍不會被壓垮的「我」嗎？
>
> 接下頁……

「沒有甚麼，就是去做。」
～瑪婭・安傑盧

當你因為罹患精神病而失去工作能力時，要跨過悲傷並繼續向前是一般的看法──但當你仍掛著那張相同的臉、用著相同的名字、心裡仍記掛著那曾經得到的成就時，試問又怎可以擺脫自己的身份去做另一個人呢？

我很想再工作......真的很想。我嘗試找工作，並說服自己休息是必須的，要善用這些時間做別的事情。然而，在我更有智慧的內心深處，我知道自己在實際離職前已在工作中掙扎了很久、很久了。我加深認識自己的精神病──觸發因素、使病徵減到最低的生活安排等等。我已經準備好回歸工作大軍了──但我的履歷表中有留白，使我的信心受到動搖，我沒有好的推薦信，藥物仍使我常感困倦，而且無論我跟自己說多少所學的鼓勵說話，我仍感到自己在某些方面很失敗。

重要的是，我要繼續告訴自己必須放棄一些舊的想法，及強迫自己要一直「進步」的做法，取而代之是一些有關職業的新想法。由於我有跟其他同齡、同教育程度的人比較的傾向，所以我必須每天記下自己所想的，以便及早察覺自己需要面對的嫉妒、競爭和缺點。我必須做許多深呼吸及其他我懂得的練習，使自己明白與別人不同是可以的，並嘗試在這個職業過渡期做好自己。我要加倍努力地練習，別看那些烏雲或去感覺那些荊棘，並緊記在感到憂愁或受壓時記得去笑。

你必須懂得放下痛苦，也要放棄你舊有的想法。在你換上新形象時，必須容許自己成為與從前不一樣的人──可能跟你希望或有可能成為的人不一樣。你必須認真地發掘內心深處──不只是簡單地說你接受別人跟自己不一樣、沒有偏見，不以別人的職銜、地址或生活方式來衡量其價值。你會發現你變成了一個自己從未想像過的人──接收水果籃和罐頭食物......穿別人的舊衣服......慶幸還有汽車可以開，縱使它需要很多修理。你發現「我」和「他們」之間的隔閡已經融化了，而你同時站在分隔線的兩邊──不知道自己屬於哪一邊，也不知道是否真的要為了精神病這東西而接受一個全新的身份。

所謂「慢工出細貨」，要使你走過難關而不會憎恨自己、上帝或生活，這是唯一的方法。無論你有多少期望和多麼渴望明天會不一樣，這就是你現在擁有的一切。我們難以不與人比較，但更難的是清楚知道自己的復元該何去何從，及下一步要專注甚麼。因為我的病，我已經花了很多時間接受照顧──其實沒有很多自決的空間，因為那時我只能顧及存活。不過，現在我面前有了全新的未來。我現在確實要非常非常努力地思考......在青年期與老年期之間努力，重新展開我的新生活，並不為此而被壓倒。

～蘇塞特・馬克，
科羅拉多身心健康教育家

蘇塞特列了出一些人們在就業方面常犯的錯誤：

- 期望別人為你所經歷的特殊壓力負責。
- 決定不去改變及為人生中所遭遇的事感到憤怒。
- 行事像受害者及不作嘗試。
- 嘗試用「舊規矩」去做事，老是想著從前的你。
- 嘗試過度地控制狀況；工作是有壓力的而且不一定能控制。
- 把自己與他人的步伐作比較。
- 沒有任何事業計劃。
- 錯選職志。
- 嘗試成為你工作的最好朋友或敵人；這樣會妨礙客觀性。
- 跟你的支援者失去聯繫。

有關重返職場，蘇塞特提出了以下一些可用的建議：

- 學習關於適應工作和《殘疾歧視條例》的實際知識，以及用於滿足你個人需要的事，並在需要時尋求協助。
- 繼續努力培養以正面包容的態度去面對人生的挑戰。
- 選擇不做受害者。你跟其他人同樣優秀，也同樣堅強。沒有「我們」和「他們」之別……重點是要感覺大家都是「一伙人」。
- 生命本是變幻無常；要看到自己不斷在變，而你的工作也會自動改變以反映嶄新的你。別作繭自綁，也別為自己設限……要振翅高飛啊！
- 學習管理壓力的方法；選擇放下你的憤怒和沮喪，要享受工作環境——包括有壓力的部分。
- 你就是你，不要自添壓力，那只會打擊你的志氣和自尊。每個人都有獨特的天賦——尋找適合你的工作吧！
- 作好計劃——一個月、六個月、十二個月、兩年、五年……的計劃，有助你找到重點，並預見自己的成功。
- 選擇不要把工作場所視作戰場。學習靜觀及如何以正面的方法重新集中精力。
- 學習把工作看成只是你的一部分而已。善用午膳時間發展一些興趣，在工作以外尋找喜歡做的事，以推動你對下班後的時間有所期待。發誓不要成為工作狂。
- 維持你的支援系統或創造新的支援系統，讓你可以傾訴在工作上正面對的事。

「創造財富容易，改變自己則困難多了。」
～湯姆・布羅考

第六章

「你必須留一點時間給你的同伴【人類】。即使只是小事一樁，也要為別人做點事——一些沒有報酬但你有幸可以做的事。」
～阿爾伯特・史懷哲

義務工作

做義工是回饋社會和幫助社區裡其他人的好方法，同時也可以幫助自己！科學研究發現，大腦與免疫系統之間有直接的關連 (Sobel & Ornstein, 1996)。研究人員發現單是觀看有關德蘭修女——一位無私地服務人群的榜樣）的紀錄片——也可以加強身體的免疫功能，可見幫助別人確實有治療功效！

為甚麼要做義工？ 做義工的最佳理由，是真正想幫助別人的意願。這種經驗也帶給我們非常實質的益處，以下是一些想做義工的理由：

<u>它讓我們探索事業方面的選擇。</u>當我們不太肯定自己想做哪類職業時，義務工作讓我們在作出決定前，先行加深了解自己有何選擇，以及搜集相關資料。

<u>它是學習新技能的好方法。</u>義務工作可幫助我們認識僱主對技能的要求。一旦學會了那些技能，就很容易應用在我們所選擇的工作上。

<u>義務工作讓我們有機會增強自信心和自尊感。</u>我們所獲得的技能和益處，會使我們對自己刮目相看。

<u>我們會結識新朋友。</u>為自己的支援系統加入新朋友，總是個好主意。義務工作也是我們為新工作建立人脈的好方法，或認識願意幫我們寫個人或專業推薦信的人。

<u>我們可以得到與職業相關的寶貴經驗。</u>有些職業要求某類學位或證書，僱主也同時希望聘用有相關經驗的人。即使我們已經擁有相關技能和學歷，義務工作可以給我們提供最新的實務經驗。

<u>我們可以跟社區人士分享自己的知識和專業技能。</u>當知道我們的學歷、訓練、經驗、技能或興趣對其他人有價值時，這會叫你感到鼓舞。

義務工作本身就有價值，助人也是自助的最好方法之一，我們可以從義務工作中獲得一份健康的滿足感。

「世界不只你一個人居住，還有四海之內的兄弟。」
～阿爾伯特・史懷哲

「當我們有需要的時候，我們能明確地感受到施予最能帶給人益處。」
～路得・羅斯

你為甚麼對義務工作感興趣？

「自然界有一個神祕而奇妙的法則，那就是我們在人生中最渴望得到的三樣東西——快樂、自由和心靈的平安——都是透過施予而獲得的。」
～佩頓・康威・馬奇

你希望從義工經驗中得到甚麼？

第六章

很多地方都歡迎義工。多數非牟利機構、教會和組織都需要義工，如果我們已經是一所非牟利組織或教會的成員，可以向他們查詢一下，看看是否需要我們的協助；也可以請教朋友或家人的建議；很多本地的義工機構都會物色社區裡的義務工作機會；也可以翻閱本地報紙，以發掘其他方法；本地學院的就業中心也會定時更新有關義務工作的資訊。

你希望在哪裡做義工？

「做好事本身就是回報。」
～無名氏

如果我們喜歡某一類特定的工作，就應該去爭取！如果我們不太肯定自己的興趣，大部分義工機構都可替我們作配對。

我們應付出多少時間做義工？

每份義務工作要求投入的時間都不同。有些只需每個月花幾小時，有些則可能每星期花幾小時，甚或要全職投入。我們可以只為一次活動做義工，或作較長時間的參與；也可以有不同方式投入義務工作；可以物色一些既符合我們所需又能配合私人時間的義工機會。

你願意投入多少時間做義工？

> 「讓所有與你相交的人無不更歡喜地離開。」
> ～德蘭修女

> 「施予的人擁有一切；拒絕施予的人一無所有。」
> ～印度諺語

為甚麼你認為自己適合付出這些時間？

> 「每個人都需要他人幫助。」
> ～貝托爾特・布萊希特

義務工作可以是我們一生最有價值的經驗之一。即使得不到金錢上的回報，我們也可以獲得其他甚是奇妙的回報。

無論你想找怎麼樣的義工機會，你的社區裡總有一群人需要你！

練習：

探討職業方面的優勢

請列出你現時擁有甚麼職業上的優勢：（例如：我有高中文憑；我擅長做研究）

你過去曾用過哪些職業上的優勢？（例如：我曾做兼職，也有一年的全職工作經驗）

你想在未來達到甚麼職業／義務工作上的目標？（例如：我希望從事一份時薪不少於最低工資的兼職工作）

第六章

運用你的優勢來達到你的目標

為了達到你的目標,你可以善用這些優勢和資源。***謹記你所列出的優勢可以是:***

- *<u>內在的</u>*(例如:我知道怎樣做危機輔導;我是個好的工匠;我懂得編寫電腦程式;我知道如何處理數字)

- *<u>外在的</u>*(例如:我的表哥喬治開了一間公司,他會為我安排一份工作)

你可以利用甚麼既有的社區資源,來達到你的職業/義工上的目標?(例如:我會去勞工處做就業諮詢)

請列出你想使用甚麼正規服務以助你達到目標。(例如:我會運用輔助就業服務,以助我製作履歷表和找尋工作)

你對你的職業目標有何感覺?(例如:我對義務工作感到興奮;我對重返職場很有熱誠)

在邁向這些目標時,你可能會遇到甚麼障礙?(例如:我要確保不會失去我的保險,因為我的藥費很貴;我家距離我工作的地方很遠)

列出你可以用甚麼方法和策略,來克服達到目標的障礙:(例如:查看可否通過交通津貼計劃來幫補每天的車費;上網查看義務工作的機會)

當你邁向目標時,你會如何記錄自己的進展?(例如:記錄求職申請;列出我做義工時學會的技能)

你達到目標時會如何慶祝?(例如:我會學習每天工作後替自己做腳部按摩;我會每月把一部分薪金儲起來去旅行)

為自己充電：
休閒及娛樂範疇

當審視我們的生活及復元進度時，事情真的看似很嚴肅。在制定及執行復元計劃，有時也會感到很大壓力，又或有太多要努力做的事。如果我們感到壓力來襲，這就是為自己充電的一個可靠訊號，該做些休閒及娛樂活動了。

休閒及娛樂活動可以界定為參與一些帶給我們快樂、愉悅的活動、使我們感到精神煥發及恢復活力。

對大部分人來說，休閒及娛樂活動是理所當然、自然地去做的事。不過，我們很多有精神病經歷的人卻往往忘了如何放鬆自己，忘了在生活中娛樂一下。計劃去尋找歡笑或樂趣，並使自己恢復活力，是復元旅程中的重要一環。我們可以在日常生活中設定時間去作樂、休息或嘗試新事物。

有多少人就有多少種不同的娛樂及休閒活動。我們有些人喜歡群體活動，如打羽毛球、玩撲克牌或加入本地圖書館的免費讀書會。有些人卻喜歡個人活動，如靜思冥想、在大自然中散步或園藝。此外，聽音樂及跟寵物玩耍，都是具有治療作用的休閒活動。以下的故事說明來自堪薩斯州的朋輩工作者如何得知自己喜歡做的事。

> 「人生就是要活得愜意和過得愉快。」
> ～雪兒

> 「讓人生旅程帶給你的啟示，滲透於你每一天的經歷。」
> ～無名氏

我應該告訴你我一直自認為是一個簡單的女人，一個無欲無求的女人。向任何人作自我介紹時，我總是說自己是一個簡單的人，然而我以前一直奇怪為何會這樣形容自己的。我永遠沒有動力做任何事。經歷了嚴重虐待後，我感覺自己的人生好像停滯了，感到自己好像從沒有真正存活過，我變得非常枯燥和孤獨。我很少人際支援。我嘗試做的每一件事都不能完成，每一件事對我來說都是負擔，我感覺到自己內心的情緒、痛苦和憤怒，我完全失去了自尊，我覺得我做甚麼都無濟於事，我必須想辦法走出困局。

待續……

在我的復元過程中，我必須決定自己最想要的是甚麼——是我的生命，還是尋死的意願，我已經到了那種地步。我的兩個小女兒就是我的生命，如果我發生了甚麼事，她們會怎樣呢？我們已經失去了所有，包括住的地方。

我的復元之旅從我的社工開始，她嘗試幫助我創造有意義的人生，讓我參加為工作做準備的課程，但我仍在絕望的狀態中。對我來說最難做到的事，就是要獨居和獨立。

我的社工介紹我到精神健康中心進行評估，那裡是我的轉捩點。他們從不放棄我，使我想活著，並要高聲呼喊『原來我並非無名小卒』！我希望有人關注我，我想感到被需要，我想善用我的時間。在現實中，我希望自己能夠信任別人，從來沒有人像精神健康中心裡的每一個人那樣為我憂心焦慮過。我完全不知所措，我不曉得如何接受他們全部的關心。

我開始打扮自己，並照顧「自己」好一點，就像完全重新發現自己一樣。我對每個人都很支持。在我的復元過程中，我能夠向別人求助，能夠交朋友而無需從人群中孤立自己。在復元過程中，我變得更堅強，甚至替自己下目標——例如要完成朋輩支援計劃。

我想談一談自己。我一直希望成為西班牙語翻譯員，我喜歡寫詩、寫與人有關和心裡所想的事。我是美籍墨西哥人，喜愛藍色、黃色、白色和黑色。我最喜歡的花是牡丹、玫瑰和雜錦野花。我喜歡在清晨起床，然後出去露臺看看。當薄霧仍瀰漫在半空時，我喜歡聽著鳥兒鳴叫、嗅著新鮮的空氣，喝著一杯滾熱的咖啡或巧克力。傍晚時，當我躺在窗邊的床上，我喜歡開著窗凝望星空做夢，並沉浸在幻想中。我喜愛各種音樂，也喜歡跳舞。我喜歡打保齡球、排球和游泳。我有想法，也有各種的可能性。以下是一首我很喜愛的詩（Holman, 1994）：

《我愛我所見的》
我無法愛別人，如果我沒有愛可以施予。
我無法燃亮別人的路，直至我學會活著。
我無法幫助別人，除非我的膀臂壯實。
也許無法教你美妙的旋律，直至我已學會自己的歌。
我無法叫我愛的人堅強、自豪、自由，
除非我內心感受到那就是你塑造我的模樣。
主啊，我無法輕撫你的孩子，告訴他們我在乎，
直至我內省自身並愛我所見的自己。

~嘉芙蓮・史古洛格斯，堪薩斯州

第六章

在獨處的時候，你喜歡進行哪些休閒或娛樂活動？

「慢下來享受生活。跑得太快，你不只會錯過風景——也會迷失方向和失去意義。」
～艾迪・康托

有甚麼活動你會比較喜歡單獨進行？

跟朋友一起時，你喜歡進行哪些休閒或娛樂活動？

有甚麼活動你會比較喜歡與朋友一起進行？

練習：
探討休閒及娛樂方面的優勢

請列出你現時擁有甚麼娛樂及休閒方面的優勢？（例如：在我的家附近有個公共游泳池和體育館；我喜愛歷險電影）

請記下你過去曾有的優勢？（例如：我以前常常編織；我喜歡讀懸疑小說）

想想未來，你希望達到甚麼娛樂方面的目標？（例如：我想每星期至少一次跟朋友做一些有趣的事）

運用你的優勢來達到你休閒及娛樂方面的目標

你可以利用甚麼優勢來達到你的目標呢？*謹記你所列出的優勢可以是：*

- *內在的*（例如：我擅長游泳）

- *外在的*（例如：本地圖書館和社區中心有不同免費的工作坊和講座）

你可以利用甚麼既有的社區資源，來達到你的休閒及娛樂方面的目標？
（例如，我有點畫畫的天份，我想我可以為本地的社區中心或學校作出貢獻）

你對於你的休閒及娛樂目標抱甚麼態度？（例如：我需要開始在生活中增添樂趣！）

你認為在邁向你的休閒及娛樂目標時,你可能會遇到甚麼障礙?(例如:我不知道如何到本地的社區中心申請做義務導師)

請列出你在邁向目標時可以用來克服障礙的方法。(例如:我會問一下義工統籌員有關交通安排的事)

在邁向這些目標時,你會如何記錄自己的進展?(例如:我會記下我所看過的電影和讀過的書;每天我做了自己喜歡的事後,會在日曆上貼個貼紙)

你達到休閒及娛樂的目標時會如何慶祝?(例如:我會租一部好看的經典電影)

第六章

一路感覺良好：
身心健康範疇

> 「我們經常活在自己的思想中，甚至幾乎忘記了我們的身體。」
> ～雷・基巴達斯

健康是指身體、精神和社交上的良好狀態。為健康的生活方式而努力，幾乎相當於為復元而努力。良好的狀態不一定指我們處於最佳的健康狀態也不代表我們沒有疾病或健康問題。健康可以定義為 (John W. Travis & Regina Sarah Ryan, 1988)：

- 一個選擇──決定向最理想的健康狀態邁進。
- 一種生活方式──我們為達到盡可能最佳狀態而設計的生活方式。
- 一個過程──種在發展中的認知，明白這是沒有終點的，無論是每一刻或此時此地，都有健康和快樂的可能。
- 一種有效率的能量引導──從環境中接收到的能量，在我們裡面轉化，並傳送出去影響外在的世界。
- 身、心、靈的整合──明白我們所做、所想、所感受和相信的每一件事，都會影響我們的健康狀態。
- 喜愛和接納我們的自我。

傳統藥物，包括精神病學，都傾向以病態、診斷及對身體或精神健康問題作出的治療為核心。一旦被診斷到有精神健康問題，就會減少我們獲得醫療服務的機會，甚至可能降低我們從醫療護理人員得到的照顧質素，忽略了我們的身體健康。

即使我們有甚麼投訴，也常被認為是「心理作用」，被視作是因心理引致的問題，甚或是更糟糕的──「引人注意的行為」。

精神創傷、藥物引起的副作用（例如增加體重）、貧窮和壓力衍生的影響，會危害我們的身體健康。因內化了的污名引致的自我形象低落，也可能使我們做一些高風險的行為，例如：不安全的性行為或自毀性的濫藥。因此，我們往往會有長期的健康問題，且比一般人短壽。不過這些情況不一定發生，我們的身心也可以變得更健康。

重拾身心健康，是復元旅程中越來越受關注的部分。身心健康是復元過程的重要一環。我們發現，當努力採取行動去改善身心健康時，精神健康往往也會得到改善。

綜合式保健方法及復元

很多正在復元的人都會用各式各樣的綜合及輔助保健方法和治療，來建立更健康的生活方式。使用另類的、輔助的及全人的保健方式有普遍增加的趨勢。最新的研究顯示，一般人口之中每十個人就有八個曾嘗試另類治療，而大部分人都指出，另類療法對健康甚有幫助（Bradford, 2001）。

通常在傳統治療無法產生理想效果，又或覺得其他支援能提升療效時，人們就會使用綜合或輔助方法。他們會向營養師、骨療師／跌打醫生、針灸醫師及其他非傳統執業者尋求協助，以舒緩或治療其長期的身體健康問題。很多人都發現這些方法可以改善他們的身體和精神狀況、減少病徵及／或增加生活上的愉悅感。

你有使用甚麼輔助及另類療法嗎？

> 「人是由身、心、靈組成的。健康對每一部分也很重要。」
> ～安德魯・威爾，醫學博士

> 「我們很少把自己的身體健康和靈性健康聯繫起來。」
> ～雷・基巴達斯

請注意：

我們並不是提倡任何一種保健方法。人們找到很多不同種類的輔助保健方法，去提升他們的整體身心健康和復元。如果你有興趣學習或嘗試一些另類、**輔助**、全人及／或綜合療法，最重要的是你必須先好好研究你所選的方法。

與你現時的醫療護理人員討論這些想法

你的醫生可以就你使用的傳統及／或另類治療，提供資料和監察。草藥及營養補充劑可以影響你的身體及精神健康，有些天然物質有時可能會跟處方藥物互相影響，造成劇烈甚至危險的作用。**請在使用另類藥物前，先了解清楚可能產生的交互作用。**

作明智的選擇

了解你想使用的治療及保健方法是非常重要的。以下列出一些綜合／另類的保健方法，摘自《哈姆林輔助健康百科全書》(The Hamlyn Encyclopedia of Complementary Health, 2001)：

> 「這是你的身、心、靈：建立健康的生活方式。不要仿傚任何人，要自成一格，皆因你就是明天的未來。」
> ～傑西・喬伊娜・柯西

骨療法 (Osteopathy)	草本療法（西醫或中醫）
鬆弛法	按摩
觀想療法 (Visualization)	太極
催眠治療	營養療法
瑜伽	冥想
順勢療法 (Homeopathy)	腳底按摩
自我調適訓練 (Autogenic training)	藝術治療
顱骨骨療療法 (Cranial osteopathy)	香薰治療

當採取積極行動來建立更健康的生活方式時，我們便已經獲益了，因為我們已朝復元前進。

要實行健康的生活方式，需從多方面作出考慮。你可以用以下的自我評估表給自己評分，看看你現時所用的或你想引進生活的是哪類型身心健康策略。

健康生活方式自我評估
小改變 = 大得益

☑ 請選擇下列哪項描述符合你現時採用之身心健康方法

馬上實行	可以嘗試	不適合我	身心健康方法	你知道嗎？
			大聲笑；不要常想著挫折	可以在氣餒時自嘲的人的情緒會較好，壓力也較低。幽默感有助我們應付生活中的壓力和危機。
			出外走走	享受陽光，又或看看戶外風景的照片，也有助你感到更快樂。
			找出一種開心的方式來動一動你的身體	早上散步十分鐘，可以讓我們一整天都有較好的心情。
			把情緒寫下來	無論在哪裡，每天抽3至15分鐘寫日記、創作自己的人生故事、製作一封手工情信、寫一首詩或寫張便條給朋友。把我們的情緒寫出來，可以釋放抑壓的情緒，同時也可作自我反思，激勵自己作正向的生命改變。
			與自己的靈性重新連繫	當我們面對復元之轉變和成長所產生的恐懼時，靈性健康能提供安慰及支援。
			建立親密關係及進行安全性行為	投入一段親密關係，可以令我們在健康與治癒系統之間達致平衡。性激素在身體流動時，健康與治癒效果都會提升。
			健康和均衡的飲食	健康的飲食習慣，使我們感覺更好、供給能量，並提供重要的營養以維持生命。選擇健康的食物，可減低長期疾病的風險，如糖尿病、心臟病、高血壓、中風及癌症。

第六章

馬上實行	可以嘗試	不適合我	身心健康方法	你知道嗎？
			選一首可以形容你對復元之展望的歌	選一首令人振奮和充滿能量的歌——可以是〈明天會更好〉、〈紅日〉。唱歌或聽音樂有助減壓，也能使人放鬆，從而促進身心健康。
			進行負重運動	運動（例如：步行、跑步、跳舞）可使我們更強壯、強化骨骼、振奮精神、結實肌肉，並促進心肺健康。
			跟朋友作伴	跟朋友玩耍可以促進我們的健康。
			找一位運動夥伴	當知道有人指望自己作伴去運動，我們會有較大可能維持運動的習慣。
			每天喝大量的水	每天最少喝6至8杯（約2升）的水。我們身體的所有化學反應都需要水來進行（例如：血液循環、體溫調節、組織與器官滋養）。
			減少吸煙或戒煙	我們每吸一支煙，就會減壽9分鐘！吸煙會使我們的壽命縮短5至15年。若我們不想戒煙，至少可嘗試減少吸煙。
			保持足夠睡眠及休息	睡眠要有6至8小時才能保障我們的健康。只是閉目放鬆幾分鐘，也有助我們作更好的決定。
			採取措施去過更快樂的生活	快樂的人的免疫系統比不快樂的人較強健，更有能力抵抗疾病。易怒的人心臟病發之機會較一般人高三倍。

練習：

探討身心健康方面的優勢

記錄你現時在身心健康方面的優勢：（例如：我有醫療保險；我家裡有一架在二手市場買來的健身單車）

你過去曾用過甚麼優勢去改善你的身心健康？（例如：我以前每天早上會做20分鐘瑜珈；我會做既便宜又有營養的餐膳）

你希望未來達到甚麼身心健康的目標？（例如：我想減少吸煙，並且最終能戒煙；我想體格要強健，好讓我能站立和走動8小時，那麼我便可以任職廚師；我希望能進行滾軸溜冰約20分鐘）

運用你的優勢來達到你身心健康方面的目標

你可以運用甚麼優勢和資源,來達到你身心健康的目標呢?*謹記你所列出的優勢可以是:*

- *內在的*(例如:我知道吃清淡的食物和避免吃零食,可以讓我感覺好一點;我可以用我的烹飪知識,為自己做更好的餐膳)

- *外在的*(例如:我可以去我朋友阿美所住大樓的健身室;我可以去圖書館搜尋食譜)

你希望用甚麼既有的社區資源,來達到你身心健康的目標?(例如:我可以在傍晚到社區公園的跑道散步,那裡很安全、夠明亮,又有很多與我年紀相若的人散步或跑步)

你希望使用甚麼正規服務,來達到你身心健康的目標?(例如:政府門診、健康中心、政府中醫門診等;我要找一個實行全人醫療並能接受長者醫療券的醫生)

你對你身心健康的目標抱甚麼態度？（例如：我自覺比實際年紀老；我想我的人生有多點歡樂！）

你認為你在邁向身心健康的目標時，可能會遇到甚麼障礙？（例如：我不喜歡運動，而且我討厭自己穿短褲的樣子；我睡得不好，我害怕會患上睡眠窒息症，因我時常感到很疲累；我現在服用的藥物使我胖了很多！這令我非常困擾。）

你可以做甚麼來克服這些障礙？（例如：我可以開始每天在家裡做兩次運動，每次10分鐘，反正沒有人會見到我）

在邁向身心健康的目標時，你會如何記錄自己的進展？（例如：我會做一張體重表，貼在雪櫃上，每減少一磅就作一記號；我會記錄我步行了多久）

你達到目標時會如何慶祝？（例如：身形瘦了一個碼後，我會買一對新的耳環）

第六章

私密的愉悅：
親密感和性範疇

親密感和性都是復元的重要環節，卻很少被討論。在俄勒岡州舉行的美國精神健康消費者及倖存者高峰會（1999）上，研究人員向出席會議的人士進行調查，以了解他們對復元所需的重要支援的想法。投票結果顯示性是最重要的項目之一！

然而，把精神健康問題與性相提並論，可能會帶來非常負面的反應。有些人似乎認為我們有精神健康問題的人，不應該有作為人的正常性需要。在社交環境中，我們常被性別分隔，在院舍和治療環境中，也要容忍缺少私隱；我們很多人的性需要因種種原因而被壓抑，包括藥物的副作用、絕育、照顧者或家人告誡我們不要建立親密關係或性關係、居住環境中缺乏建立親密關係的空間，以及很多其他方式讓我們的性需要被忽視或壓抑。

「當我有這種感覺時，我就需要性治療……」
～馬文・基爾

> 對有精神障礙的人來說，最好的治療就是把他們視為人並予以尊重及敬重，意思是尊重我們所有的人性，包括我們的性需要及去愛與被愛的渴望。
>
> ～柏翠茜亞・迪根
> 美國朋輩領袖

苦惱？無安全感？尷尬？

性！只要提到「性」或「性慾」這些字眼，總會引起我們大部分人的迴響。我們很多人都會為自己的性慾感到不自在或尷尬。為甚麼性是如此令人不安的題目呢？對缺乏性經驗、家人及協助者的負面反應或對自身的性取向有所顧慮等問題，都會妨礙我們公開地、坦白地談論自己的性需要。有時，我們也會因為自己的文化傳統、宗教教養或家庭忌諱，而避談性及性慾。在談論性時感到不安，你不是唯一一個！大部分香港人都對性感到尷尬，這是很多人的共同經歷。

你對談論或表達「性」有何感覺？為何有此感覺？

你可能會問自己：「我怎去克服負面的感覺？」以下是一些可以嘗試的建議：

- 尋找一個安全、信任、支持的環境去談論性。
- 要對性有所了解。掌握相關資訊，對作出安全而健康的性選擇是很重要的。
- 找一些真正關心你、尊重你選擇的人一起討論這個課題。

精神創傷對性的影響

有些人認為親密和性是很難的事，繼而選擇逃避，因為他們以前曾經歷精神創傷、性侵犯或惡劣關係的回憶。很多人曾受過身體、性或情緒上的創傷及虐待，有些甚至因為曾被性侵犯而難以感受自己存在於自己的軀殼中，難以進行性行為。

兒時被性侵犯的經歷，或會引致憂鬱症及其他身體和精神健康的問題。與照顧我們健康的人員表達過去受傷的經歷，是非常重要的。若你和你的另一半在親密和性方面遇到困難，你可以尋求專業的輔導。我們不要讓羞恥感或以往的傷害破壞自己作為人的正常性需求。

在性、身體、情緒和靈性方面，甚麼會令你感到安全和不安全的呢？

第六章

「若人能從痛擊中汲取教訓，也能從溫柔的接觸中獲得領悟。」
～嘉露蓮・肯摩

對自己性方面的感受和表達持開放態度，是克服污名和對性經驗恐懼的重要一環，努力爭取健康的性生活，是我們邁步復元路的重要部分。告訴朋輩們及指導者自己在親密方面的經驗，對復元甚有幫助。我們可以學習利用自己的內在優勢和價值來釋放自己，藉以體驗更多親密和愛。一方面，若能對感官享受、親密感和性持開放態度，並把它們融入生活，可使我們的人生更有價值。另一方面，有人認為性並非復元的重要部分，我們應自行決定性對自己有多重要。

性表達與精神科藥物

性功能、性表現及性滿足，都受很多治療精神病的藥物所影響。很多處方給我們的藥物，尤其是治療精神異常的藥物，會嚴重影響生育能力及各階段的性反應 (Sacks & Strain, 1982)。藥物可以降低性慾，使人難以達到性高潮，令人對性或親密關係變得冷漠和不感興趣。

我們當中有些人會覺得，這些常見的副作用應該在藥物的標籤上註明。美國朋輩領袖柏翠茜亞•迪根曾邀請一組人討論精神健康服務如何影響性和愛人的能力。一位參加者在討論藥物的副作用時說：「我的藥物對我造成的一個問題是早洩。他們一直告訴我『你必須服用這種藥，別無他選，你必須接受這種副作用。』我不認為我該接受這種副作用，他們想我完全放棄性。」(Deegan, 1999)

如果你有性功能或性表現的問題，請跟你的醫生或醫護人員討論，務必討論你的服藥歷史，並查詢不同藥物配搭的可能性，他們可能會建議你服用不同的藥物或接受不同方式的治療。此外，你也可以嘗試了解另類或綜合治療方式，使你即使受藥物嚴重影響下仍能有滿意的性生活。

如果你正在服用的藥物對你的性生活帶來不良影響，你或需比其他沒有服藥的人更努力去經營你的親密關係。得到性滿足的關鍵，是找出甚麼能燃起你的性慾；若藥物妨礙了你對性的感覺，這點尤為重要。

> 「我們可以找尋出路，也可以自己走出一條路來。」
> ～漢尼拔

自我歡愉

想到親密和性的時候,很多人自然會想到與另一個人結合。有些人選擇不去結識親密伴侶,也有些人則不知道如何告知親密伴侶自己怎樣才能獲得性滿足。

我們不會一早醒來就知道甚麼東西能或不能使自己歡愉和興奮。那些選擇「自己搞定」的人,其實也可以找到宣洩性衝動的滿足感。探索自己的身體和身體的反應,有助我們了解甚麼能使自己歡愉。自我刺激仍籠罩在罪咎感和誤解之中,這情況相當普遍。事實上,很多人使用自我刺激的方式,這是安全而健康的,既可慰藉自己,也帶給我們感官方面的歡愉。

在電影《安妮荷爾》(Annie Hall) 中,活地亞倫為自我歡愉作出的定義是「……跟(你)愛的人交合。」自我歡愉及性探索不是羞恥和引發罪咎感的事,探討自己的身體完全是自然和健康的。自我愉悅,是我們與自己及自己的身體建立連繫,及學習愛之惜之的方法。我們在照顧自己各方面的不同需要時,也在為自己的復元而努力。

在《女人的安慰書》(The Woman's Comfort Book)中,珍妮花·盧頓 (Jennifer Louden, 1993) 建議我們收集一些使我們得到自我歡愉的東西。以下是她的部分想法及建議:
- 一個不受打擾、非常私人的地方
- 柔軟的床單
- 性幻想
- 色情書籍或電影
- 柔軟的毛巾
- 有助你看到私處的鏡子
- 慰藉或刺激性的音樂(由你選擇)
- 使感官放鬆的地方
- 蠟燭或香薰
- 震動器(有些專家認為這會降低你的敏感度,但也有人深信有用——由你選擇)
- 油(嬰兒油、按摩油)或潤滑劑

>「愛上自我歡愉,會令我們對自己和世界的感覺良好。」
> ～ 珍妮花·盧頓,
> 《女人的安慰書》

第六章

你對自我歡愉有甚麼想法？

你願意嘗試甚麼方法呢？

你需要甚麼？

你身體有沒有哪個部分對觸摸特別敏感？

「蝴蝶可以代表生命中「很多」東西。試想想牠們化作美麗的生物前是如何作繭自綁的，也別忘記那份既驚且喜的感覺。」
～美妮・克羅斯蘭

當你知道甚麼能使你感覺歡愉，你可以告訴親密伴侶或展示給對方看。

親密關係

親密，就是跟另一個人連繫並有著比泛泛之交更深入的了解。培養與人親密的能力，對我們的情緒和身體健康都非常重要。我們與生命中重要人物的關係，會有不同程度的親密。親密可以是碰一碰手、縈繞不散的微笑；可以是分享舊照片、分享心底的夢想或手牽手；可以是對坐著飲巧克力，及一起追憶往事。與我們最親密的同伴分享笑聲、與你關心的人一起看流星並一起許願，甚或只是互相對視而感到無比快樂──這些都是親密的時刻。

親密可以在各種關係中找到,但我們在有性伴侶或生命中重要人物時才會更容易想到它。親密可以卻又不一定涉及性。

找出你經歷親密的方式……

人們常常對親密和性持不同的看法。有些人認為要在性經驗中感到滿意,親密是不可或缺的,也有些人較傾向將兩者獨立看待。親密為感情上的親近、靈性上的連繫和肉體上的安全打好基礎,有助我們對性有正面的體驗。

你自己對親密如何定義?

請列出五種你認為代表親密的東西:(例如:撫摸和按摩、親吻、牽手、刺激除你身體上除性器官以外的部位、性經驗)

1.

2.

3.

4.

5.

「我們要對親密所產生的力量保持覺察…」
～戴芙妮・露絲・金瑪

第六章

「愛與被愛是治療傷痛最有效的辦法。」
～哥頓・威廉・奧爾波

有甚麼親密活動能使你感到非常滿足？

> *沒有人問過我關於我、我的伴侶或性方面的事；沒有人問過我有沒有性方面的問題；沒有人問過我是否滿意自己的性生活，似乎沒有人關心，但這事在我的復元中扮演很重要的角色。我曾嘗試跟我的牧師談論這些事，但他叫我去找精神科醫生談談......你知道嗎，因為他覺得這與我的精神病有關。*
>
> ～無名氏，堪薩斯州

「無論你渴望甚麼、想改變甚麼、或得到甚麼結果，請緊記這些事都是正在發生。渴望本身已在創造結果。」

～戴芙妮・露絲・金瑪

增進與性伴侶的關係

性，常被定義為激發性慾及提高性興奮的機會的行為 (Hyde, 1990)。人類的性是非常複雜的，對我們的身心健康、自尊感和自我認識都相當重要。大衛索寶及羅拔安士坦 (1996) 探討性表達如何促進精神健康。一項調查顯示，滿意自己性生活的人較少有抑鬱、焦慮、懷有敵意和各種身體毛病，如：疲倦、頭暈。性滿足也可以增加掌控感和身心健康。

健康的性包括下列定義：

- 自由選擇的
- 清楚後果的
- 尊重的
- 情慾的
- 好玩的
- 提升親密的方法
- 愛的表達
- 關懷的

在最親密的關係中，我們可以向伴侶表達怎樣可使我們感覺歡愉，與此同時也可問對方怎樣做才令對方感到滿足，藉著溝通來提升性交帶來的滿足感。在性方面，我們常為了要表現得符合對方的期望而感到有壓力。媒體是個壞的例子，電視或電影使人誤以為每個人都有浪漫的性生活，但其實那只是媒體對性作出失實的描繪，現實並非如此。

能進行或享受性並非自然而然的事。與愛侶培養及進一步發展親密感和性關係，我們必須搜集資料、願意嘗試新技巧，並仔細地檢視自己對性的價值觀、想法和感受。以下的問題有助我們深入理解這個題目：

你是否享受你與伴侶之間的性生活？為甚麼？

「心靈也可以是性感的部位。」
～麗歌惠珠

第六章

你可以怎樣幫助你的伴侶了解如何能使你感覺歡愉？

「兩個思想契合的靈，兩顆跳動如一的心。」
～瑪麗亞・洛弗爾

你的伴侶有甚麼性方面的優勢？

練習：

親密和性方面的優勢

你現時在親密和性方面有何優勢？（例如：我懂得去愛；我有一本關於親密的好書）

你過去曾用過甚麼親密和性方面的優勢？（例如：我與莎莉的性關係一向有良好；我重視感官享受）

當你想到未來時，你對親密和性方面有甚麼目標？（例如：我希望找到一個性伴侶；我想探討性和自我歡愉方面的知識）

運用你的優勢來達到你親密和性方面的目標

為了達到你在親密和性方面的目標,你可以善用甚麼資源? *謹記你所列出的優勢可以是:*

- *內在的*(例如:我在按摩自己的身體時感覺非常好;我可以用我的按摩技巧來使自己或我的伴侶感覺歡愉)

- *外在的*(例如:我可以去政府門診索取免費的避孕套和關於安全性行為的資料)

你可以利用甚麼既有的社區資源,來滿足你性和親密方面的需要呢?(例如:我可以在香港家庭計劃指導會或母嬰健康院索取節育指導的資料;我可以透過我的教會認識一些在親密關係上與我有共同價值觀並有可能成為伴侶的人)

請列出你可使用甚麼正規服務,以助你達到親密和性方面的目標:(例如:我想參加支援小組來治療兒時被性侵犯的創傷,以助我建立正面的親密關係;我想跟我的精神科醫生談談有關藥物的副作用令我性慾大減的問題)

你對你親密和性方面的目標抱甚麼態度？（例如：我覺得是時候享受一下性！在與任何人交往之前，我需要一點信任感）

討論一下你在邁向這些目標時可能會遇到的障礙：（例如：我已經40歲了，仍是處女，對於投入一段性親密的關係有點害怕；我非常害怕性病或愛滋病）

你可以運用甚麼策略來克服妨礙你達到目標的障礙？（例如：我可以在政府門診索取關於性病、藥物或治療用具的資料；我可以開始每天花15分鐘去留意自己對感官的反應）

在邁向目標時，你會如何記錄自己的進展？（例如：我會記錄我自我歡愉的親密體驗）

當達到親密和性方面的目標時，你會如何慶祝？（例如：我會買一支香薰蠟燭並放在我的浴缸附近）

打造更高層次的路徑：

靈性範疇

對大部分人來說，靈性是人生中最重要的領域之一，可想而知，靈性在我們的邁步復元路中扮演了重要的角色。事實上，1999年於俄勒岡州舉行的精神健康高峰會上，靈性被評為復元的其中一個最高層次的領域！我們不是每個人都相信神或更高的力量(Higher Power)。另一方面，我們很多人都持有一些重要的信念，在復元路上引導自己。

本部分概述了一些重要的信念，作為精神食糧。

靈性對你的生活有多重要？

☑ 選出最接近你感覺的項目

- ❏ 最重要
- ❏ 非常重要
- ❏ 有點重要
- ❏ 此刻對我來說並不重要
- ❏ 我對宗教信仰和靈性完全不感興趣
- ❏ 我的人生不需要靈性

<u>靈性是甚麼？</u>

靈性一詞可指圍繞宗教的信仰，亦可包括一些與正規的屬靈傳統無關的經驗。每個文化和社會都有各自對靈性經驗的定義。

第六章

據宗教教育與心靈教育中心出版的年刊（2011-2012）指，「靈性」一詞普遍代表個體對神聖和存在意義的追求，當中包括生命意義、完滿人生、內在潛能和與他者的連繫等等。例如，「靈性可描述為對普世真理的尋索」，「個體對世界的一套信念，以作其存在意義的根據。」

有些人曾被早年的宗教經驗，又或被其他人就其宗教信念作出的負面態度和行為所傷害。然而，我們不應該因少數人的偏見或傷害性行為而不去探討生命中的這個領域！

以下的問題有助我們探討靈性。答案並無對錯之分，請儘量誠實回答。

你如何對自己的靈性下定義？

「做好事時，內心會感到愉快；做壞事時，內心會感到不安。這就是我的信仰。」
～亞伯拉罕・林肯

你認為自己為甚麼會在這世上生存？請寫下你的看法：

如果你可以改變你環境中的一些東西，你會改變甚麼？又或你想保留你環境中的哪些東西？

你跟其他社區人士，包括鄰居、朋友和家人相處得自在嗎？如是，你如何覺得自在？如否，如何讓你感覺不自在？

你對造物者、更高的力量、天使或神有何看法或定義?

> 「十字路口給人的教訓是,若我們不走過這片過渡地帶,就無法離開原有的道路並踏上新的道路……解體後才有再整合。」
> ～羅拔‧基文

你與他們有怎樣的關係?你相信在人類之上有神或更高的力量嗎?

你如何定義自己?(例如:我是一個有心智、有靈魂的肉體,又或是一個有肉體的靈性生物)

第六章

你的屬靈角色是甚麼?

製作一張清單並列出你真心喜歡自己些甚麼。

> 「一切我所看見的事物讓我明白,對於一切沒看見的事上要相信那位創造者。」
> ～拉爾夫‧沃爾多‧愛默生

如果你可以改變自己,你會改變些甚麼?你會以什麼方式嘗試改變自己?

> 「當人認識到他們與宇宙的力量合而為一，並認識到在宇宙中心住著偉大的靈，而這個中心乃是無處不在，且就在每個人的心裡時，我們就會感覺到一份平安。」
> ～黑麋鹿

你在甚麼時候感到最放鬆呢？是甚麼使你覺得放鬆？

在靈性的範疇，你在宗教團體有什麼角色呢？那些是正規或非正規的宗教團體呢？

花一點時間細閱這些問題和你的答案。你根據個人想法和對事物的定義作答；這些都是你自己的定義。你的答案可能會隨時間、經驗和感覺而改變，所以答案並沒有對錯。你日後可以再重新回答這些問題，屆時把答案與以前的答案作比較，看看有沒有不同。

靈性的好處

靈性有許多好處，下一節我們會討論一些。一般來說，靈性普遍被認為可以改善身體和精神健康。

靈性是重要信念和價值觀的來源

我們很多人持守的重要價值觀，以及所相信的道德標準，都是建基於靈性的傳統。也有一些人從其他非傳統宗教信仰的層面，發展出與生活息息相關的價值觀和原則。這些原則和價值觀可能包括：謙遜、慈愛、尊重生命、尊重自己、寬恕、非暴力或嚴格遵守某些行為指引。

> 「在幽暗的時刻，眼睛開始看得見。」
> ～西爾多・羅特克

你有沒有一套價值系統、道德觀或指引，以指導自己如何生活呢？

你所持守的重要價值觀和原則包括甚麼？

靈性是正面關係的根源並能建立群體意識

有些人發現跟「想法相似」又有共同信仰和價值觀的人在一起，可以使生活更充實。我們可以加入教會或找一個信仰群體、學習小組、戒癮計畫、一群屬靈夥伴等。我們的「靈性支援小組」可以是教會、伴我們成長的群體，又或是一些讓人感覺更自在、與我們的兒時傳統不同的群體。

我們很多人會定期到教會、教堂或祠廟參加聚會，藉此跟自己的靈性保持聯繫，也有些人選擇不在有組織的群體中尋找自己靈性的聯繫。

> *在我個人的復元旅程中，我運用了我的靈性優勢來輔助治療。我相信我個人與神的關係，這支持我在治療的過程中走過很長的路。我的教友對我非常支持，他們的愛心、仁慈和教導使我在正確的方向上穩定地堅持不移，也使我想讓自己保持健康。*
>
> *～嘉莉・亨特，堪薩斯州*

你會到甚麼地方表達你的靈性？那個地方或群體如何幫助你？（例如：我喜歡在公園或湖邊散步，這使我自覺更能與大自然連結，放鬆，並提升精神力量；我也會到教會、祠廟或佛堂，那兒讓我感到與自己的祖先和傳統連結）

有沒有對一個屬靈群體或小組令你感到很有歸屬感的呢？

「我相信非武裝的真理和無條件的愛，將會在現實中擁有最後的話語權。」
～馬丁・路得・金博士

第六章

「（在人生中）能聽到鳥兒歌唱和教堂鳴鐘也不錯。」
～亞歷山德・史托達德

如有,你從這個小組可以得到甚麼優勢呢?

若現時沒有屬靈支援小組或教會,你希望設定目標去找一個想加入的小組嗎?

若希望,你有何行動來幫助自己達成目標?(例如:閱讀一些關於不同傳統的書;列出一些本地團體;嘗試參加一些聚會或崇拜,去試試看它們的支援性和是否讓自己感覺良好)

「禱告是你向神說話;靜觀是你聽神說話。」
～戴安娜・羅賓遜

靈性操練是慰藉和治癒之源

很多人發現,靈性操練有助我們明白並接受自己所經歷的痛苦,幫助自己使自我感覺好一點、找到慰藉或安慰或更接近靈性上的支援(例如:「與自然合一」、「在神的手中」、「了解我所相信更高的力量」、「處於神馳的狀態」或「感到內心平靜」)

你有找到可以使你內心平靜的靈性活動嗎?(例如:閱讀振奮人心的文學作品、祈禱、沉思、靜觀、把問題交託給更高的力量)

如有,用幾句話寫下你認為對你很重要的活動。

若你沒有用過靈性活動來幫助自己的復元，你是否有興趣開始探討這些活動嗎？

> 「靜觀和祈禱的最大回報之一，也許是臨到我們的歸屬感。」
> ～ 比爾・威信

靜觀或祈禱對你有甚麼意義？

你會怎樣靜觀或祈禱？你如何跟自己的內心、你的創造者或外在力量說話？（例如：我喜歡唱歌和跳舞；我喜歡靜靜地坐著和放鬆，跟我的創造者說話；我喜歡向其他人傳送正面的資訊；我喜歡靜思自己的角色，也越來越覺察自己、他人和四周環境；我向神燒香以示敬重）

你怎樣為你的內在自我帶來優勢？（回想你曾經感到靈性低落的時候，是甚麼方法使你走出那低潮？那些方法日後可以再用嗎？）

在你嘗試過的靈性活動中，有哪些方式對你有幫助？有哪些未能幫助你？你喜歡甚麼？你不喜歡甚麼？

第六章

你曾否發現你某些靈性方面的信念或操練，對你的個人生活有用呢？如何有用？如何沒有用？

你覺得進行這種操練有甚麼可貴和不可貴之處？

> 「人生最長的旅程，
> 就是內心的旅程。」
> ～道格·哈馬紹

你是否有興趣訂立一個學習靈性操練的目標，並把它們融入你的日常生活中呢？

你會採取甚麼行動來學習靈性操練？（例如：聽錄音；自行找一本關於這個主題和練習的書；參加工作坊；參與學習小組或出席宗教聚會；找一位可以指導我的靈性教練）

在靈性操練中，你還發現或相信會發現到其他好處嗎？

經歷靈性呈現 / 靈性危機

有些人有非常深刻的宗教、靈性或神秘的經歷，並曾進入「變異意識狀態」或「極端的精神狀態」，而這些狀態往往被標籤為精神病徵狀。我們因精神失常引發的危機事件，似乎與一些靈性上不平常的經歷扯上關係。正如一位朋友所說的，這種經歷就好像「在靈性路上走錯了出口」一樣。

這種經歷對過來人來說是非常深刻的。可惜的是，在我們的文化裡，這種經驗往往被視為精神錯亂或妄想，繼而慘遭忽視，致使一些人感到非常氣餒，因為他們最深層的靈性經歷和啟示，竟被視為精神病徵狀。

然而，不是每個人都只會視這些經歷為病徵。有一些現有的資源可用來探討精神病徵狀與靈性經驗的共通點。有些人選擇不理會我們這種強烈的「靈性呈現」，因為這種經驗非常難控制，似乎棘手得難以應付。相反，有些人則希望多理解這種經驗，並從中學習，甚至設法把這些深刻的經歷或啟示，整合於自己的生活中。

你曾有過深刻的靈性經歷嗎？請在此寫下來。

你有興趣知道更多有關於這類經歷的知識嗎？

第六章

「你們當站在路上察看，訪問古道，哪是善道，便行在其間；這樣，你們心裡必得安息。」
～耶利米書 6:16

你希望採取甚麼行動？（例如：讀一些其他人就靈性呈現所寫的文章；聯絡對「靈性呈現／靈性危機」有認識的組織成員；分享你靈性呈現的故事；在互聯網搜索以增加相關知識；跟了解你的朋友或靈性導師討論你的經歷）

你可以制定支援計劃與行動，為這種狀態再次出現作好準備。

精神病經歷的靈性回報

我們有可能因為精神健康的問題而成為更屬靈的人，又或發展出正面的人格特徵嗎？答案是：絕對可以！有些人發現自己在經歷過困苦及人生的挑戰後，發展出正面的道德或靈性特質。一位自來堪薩斯州的朋友，最近在復元工作坊中分享了這樣的經歷，他說：「在我的精神健康出現問題前，我真是個混蛋，不會關心任何人，但現在我真的關心別人的感受，我現在的工作全是幫助我的朋輩達到更大程度的身心健康。」

「痛苦、失去和失望其實是祝福。」
～祖瑟夫・愛迪生

你曾否在價值觀或了解別人的感受上經歷正面的轉變呢？如有，請在此寫下這些轉變：

靈性自我評估
我已發展的靈性特質

☑ 請選擇所有適用項目

- ☐ 我覺得自己對別人更有同情心。
- ☐ 我更關心別人的想法和感受。
- ☐ 我覺得更靠近神／外在力量。
- ☐ 我成為一個更謙卑的人。
- ☐ 我希望幫助別人更多。
- ☐ 我不希望任何人像我一樣經歷這些痛苦。
- ☐ 我已萌生助人的意願。
- ☐ 我已成為更有愛心的人。
- ☐ 我渴望為我曾得到過的所有幫助作出回饋。
- ☐ 我希望消除歧視並改善社會公義。
- ☐ 我覺得精神病徵狀與經歷，使我變得更誠懇和可靠。

如果你沒有感受到這些效果，是可以的。

如果你有，那你有甚麼方法，透過正面的行動分享這些感受呢？你想怎樣更彰顯你的人性？

接下來的幾個月，你會用甚麼正面的行動把這些啟發、渴望和感受實踐出來？

第六章

「若非為了使彼此的生活更好過，則人為何而活？」
～喬治・艾略特

練習：

設定關於靈性方面的目標

你現時在靈性方面的優勢包括：（例如：我會去教會；我會關懷別人）

你過去曾用過甚麼靈性上的優勢？（例如：我的禱告生活一直很好）

你未來想達到甚麼靈性上的目標？（例如：我希望感受到與我的更高的力量有更密切的聯繫；我想研讀《聖經》/《可蘭經》；我想找到一所像家一樣的教會）

運用你的優勢來達到你靈性方面的目標

你可以運用甚麼優勢和資源，來達到你靈性方面的目標呢？*謹記你所列出的優勢可以是：*

- *內在的*（例如：每天我靜觀的時候感覺很好）

- *外在的*（例如：我在教會的查經班上有很大得著）

你可以利用甚麼既有的社區資源，來達到你靈性方面的目標呢？（例如：我可以參加三間不同教會的主日崇拜，看看哪一間使我最自在；我會到禪學中心冥想）

你可以使用甚麼正規服務及支援，來達到你的目標呢？（例如：我可以開始去基督教輔導機構接受輔導；我可以在本地教會講解有關破除污名的問題；我可以通過由我朋輩營運的組織，安排到祠廟的交通）

你對你靈性上的目標抱甚麼態度？（例如：我覺得並不孤單；我希望自己能從一些恐懼中釋放出來）

你在邁向你靈性上的目標時，可能會遇到甚麼障礙？（例如：我跟神沒有半點關係；我覺得我已失去對神的信心；靈性經歷讓我感到害怕）

你可以用甚麼策略來克服你所說的障礙呢？（例如：我的朋友艾力經常參與教會活動，並在那裡感到非常舒服自在，也許我可以跟他一起去，看看我會否也感到舒服自在）

在邁向你靈性上的目標時，會如何記錄自己的進展？（例如：我會記錄自己的禱告生活；我會寫一本夢想日誌）

當達到你靈性上的目標時，你會如何慶祝？（例如：我會聽一些激勵人心的音樂；我會在家中的聖壇上點一支蠟燭）

來慶祝吧！

你做到了！完成了這一章，表示你對生命中各個範疇已作出反思，已確定你在每個範疇中的願望，已就未來要努力的方向制定初步的計劃。下一章會談到社會關係，也是最後一個範疇。當完成那一章，你就可以準備就緒，把你所有的目標綜合起來，制定你個人邁步復元路的實踐計劃。

我們希望你填寫本部分的過程是愉快的，也希望你對自己有一些新的了解，而那些正正是你從未花那麼多心思去思考的。恭喜你！

你可以做些甚麼，來慶祝你在復元旅程上踏出這重要的一步呢？

> 「你們要快樂：你們有理由，人人都有理由快樂。」
> 　　　～莎士比亞

# 參考資料及資源

參考資料

Housing & Home Domain

Coursey, R. D., Alford, J. & Sajarjan, B. (1997). Significant advances in understanding and treating serious mental illness. *Professional Psychology: Research & Practice, 28*(3): 205-216.

Kron, J. (1983). *Home-Psych: The Social Psychology of Home and Decoration.* New York, NY: Clarkson N. Potter.

Marcus, C. C. (1995). *House as Mirror of Self: Exploring the Deeper Meaning of Home.* Berkeley, CA: Conari Press.

Ridgway, P. A. (2001). *There's no place like home: Sense of home, homelessness, and challenged mental health.* Unpublished manuscript. Lawrence, KS: University of Kansas, School of Social Welfare. Office of Mental Health Research and Training.

Ridgway, P. A. & Rapp, C.A. (1997). *The Active Ingredients in Effective Supported Housing: A Research Synthesis.* Monograph. Lawrence, KS: School of Social Welfare.

Ridgway, P. A., Simpson, A., Wittman, F. D., & Wheeler, G. (1994). Home making and community-building: Notes on empowerment and place. *Journal of Mental Health Administration, 21*(4), 407-418.

Education Domain

Mowbray, C. (Ed.) (2002). *Supported Education and Psychiatric Rehabilitation: Models & Methods.* Linthicum, MD: International Association of Psychosocial Rehabilitation Services.

Unger, K. V. (1998). *Handbook on Supported Education: Providing Services for Students with Psychiatric Disabilities.* Baltimore, MA: Paul H. Brookes Publishing.

Unger, K. V. & Pardee, R. (2002). Outcome measures across program sites for postsecondary supported education programs. *Psychiatric Rehabilitation Journal, 25* (3), 299-303.

Vocational Domain

Boyd, A. S., Ridgway, P., & Rapp, C. A. (1998). *The real reasons consumers leave jobs in competitive employment: The results of a qualitative study.* Unpublished manuscript. Lawrence, KS: The University of Kansas School of Social Welfare.

Brown, E. V. (1989). Share International. *The healing power of service.* Retrieved January 25, 2001 from http://www.shareintl.org/archives/health-healing/hh_ebservice.html

Ellison, M. L., & Russinova, Z. (1997). How professionals and managers use reasonable accommodations: Highlights for a national survey. *Community Support Network News, 12*(1), 16.

Mancuso, L. L. (1990). Reasonable accommodations for workers with psychiatric disabilities. *Psychosocial Rehabilitation Journal, 14*(2), 3-19.

Mancuso, L. L., & Kotler, J. D. (Eds.) (1999). *A Technical Assistance Tool Kit on Employment for People with Psychiatric Disabilities.* Alexandria, VA: National Technical Assistance Center for State Mental Health Planning.

Mowbray, C. T., Bybee, D., Harris, S. N., & McCrohan, N. (1995). Predictors of work status and future work orientation in people with psychiatric disability. *Psychiatric Rehabilitation Journal, 19*(2), 17-28.

Peters, T. J., & Waterman, R. H., Jr. (1982). *In Search of Excellence: Lessons from America's Best-Run Companies.* New York: Harper & Row.

Ridgway, P., & Rapp, C. A. (1999). *Critical Ingredients in Achieving Competitive Employment for People with Psychiatric Disabilities: A Research Synthesis.* Lawrence, KS: The University of Kansas School of Social Welfare.

Sobel, D. S., & Ornstein, R. (1996). *The Healthy Mind Healthy Body Handbook.* New York,
   NY: Patient Education Media.

Walsh, K. J. (1999). Work: A Wellspring of Mental Wellness. In L. L. Mancuso, & J. D. Kotler (Eds.), *A Technical Assistance Tool Kit on Employment for People with Psychiatric Disabilities* (pp. 11-20). Alexandria, VA: National Technical Assistance Center for State Mental Health Planning.

Davis, M., Robbins Eshelman, E., & McKay, M. (1999). *The Relaxation & Stress Reduction Workbook.* Oakland, CA: New Harbinger Press.

Jaret, P. (2001). Where medicine and minds meet. *Health*, July-August.

Kybartas, R. (1997). *Fitness is Religion – Keeping the Faith.* New York, NY: Simon & Schuster.

Louden, J. (1992). *The Woman's Comfort Book : A Self-Nurturing Guide for Restoring Balance in Your Life.* San Francisco, CA: Harper.

Louden, Jennifer (1994). *The Couple's Comfort Book: A Creative Guide for Renewing Passion, Pleasure & Commitment.* San Francisco, CA: Harper.

Orem, S., & Demarest, L. (1994). *Living Simply: Timeless Thoughts for a Balanced Life.* Deerfield Beach, FL: Health Communications, Inc.

Ryan, M. J. (2000). *The Giving Heart: Unlocking the Transformative Power of Generosity in Your Life.* Berkeley, CA: Conari Press.

Travis, J. & Ryan, R. S. (1988). *The Wellness Workbook.* Berkeley, CA: Ten Speed Press.

Weil, Andrew (1997). *Eight Weeks to Optimum Health: A Proven Program for Taking Full Advantage of Your Body's Natural Healing Power.* New York, NY: Alfred A. Knopf.

Intimacy & Sexuality Domain

Deegan, P.E. (1999). Human sexuality and mental illness: Recovery principles and consumer viewpoints. In P. F. Buckley (Ed)., *Sexuality and Serious Mental Illness* (21-33) New York, NY: Harwood Academic Publishers.

Gochros, H. L., Gochros, J. S., & Fischer, J., (Eds.) 1986. *Helping the Sexually Oppressed.* Englewood Cliffs, NJ: Prentice Hall, Inc.

Harrison, D. F. (1986). The institutionalized mentally ill. In H. L. Gochros, J. S. Gochros & J. Fischer (Eds.) *Helping the Sexually Oppressed.* Englewood Cliffs, NJ: Prentice Hall, Inc.

Hyde, J. S. (1990). *Understanding Human Sexuality.* New York, NY: McGraw-Hill, USA.

Louden, J. (1992). *The Woman's Comfort Book : A Self-nurturing Guide for Restoring Balance in Your Life*. San Francisco, CA: Harper.

National Summit of Mental Health Consumers and Survivors. (1999, August). Retrieved November 16, 2001, from www.selfhelp.org/plank.html.

Sacks, M., & Strain, J. J. (1982). Commentary on sexual problems of patients with colostomies. *Medical Aspects of Human Sexuality,16*(6), 16GG-1611.

Sobel, D. S., & Ornstein, R.(1996). *The Healthy Mind Healthy Body Handbook*. New York: Patient Education Media, Inc.

Spirituality Domain

Clarke, L. (2001). *Psychoses and Spirituality: Exploring the New Frontier*. Philadelphia, PA: Whurr.

Dossey, L. (1993). *Healing Words: The Power of Prayer and the Practice of Medicine*. San Francisco: Harper.

Grof, S. & Grof, C. (1989). *Spiritual Emergency: When Personal Transformation Becomes a Crisis*. Los Angeles: Tarcher.

Lukoff, D., Lu, F. G., & Turner, R. (1992). Toward a more culturally sensitive DSM IV: Psychoreligious and psychospiritual problems. *Journal of Nervous and mental Disease, 180*(11), 673-682.

National Summit of Mental Health Consumers and Survivors. (1999, August). Retrieved

November 16, 2001, from www.selfhelp.org/plank.html.

Nelson, J. E. (1994). *Healing the Split: Integrating Spirit into Our Understanding of the Mentally Ill*. Albany: State University of New York Press.

Sullivan, W.P. (1998). Recoiling, regrouping, and recovering: First-person accounts of the role of spirituality in the course of serious mental illness.

In Roger D. Fallot (Ed.), *New Directions in Mental Health: Spirituality and Religion in Recovery from Mental Illness*. (pp. 25-33, vol. 80). San Francisco: Jossey Bass.

Tepper, L., Rogers, S. A., Coleman, E. M., & Malony, H. N. (2001). The prevalence of religious coping among persons with persistent mental illness. *Psychiatric Services, 52*(5), 660-665.

Education Domain

Cracking the GED by Geoff Martz & Laurice Pearson (Princeton Review, 2001).

How to Go to College Almost for Free: The Secrets of Winning Scholarship Money by Benjamin R. Kaplan & Ben Kaplan (HarperCollins Publishers, 2001). *How to Prepare for the GED: High School Equivalency Exam* by Murray Rockowitz, Ira K. Wolfe & Johanna Bolton (Barron's Educational Series, 2002).

Supported Education & Psychiatric Rehabilitation: Models and Methods by Carol Mowbray and others (International Association of Psychosocial Rehabilitation Services, 2002).

Websites:

www.petersons.com
Information on distance learning, colleges in the United States and career education.

www.educationindex.com
Offers links to education websites. Sorted by subject and life stage of learning including parenting, continuing education, colleges and distance learning.

Check with your local college or community college for continuing education courses. Courses can be offered in areas from computer courses to cake decorating!

Check with you local high school for information on where to take the GED and for preparation materials.

Assets Domain

How to Get Out of Debt, Stay Out of Debt and Live Prosperously by Jerrold Mundis (Bantam Doubleday Dell Publishing Group, 1990).

Nickel and Dimed: On Not Getting By in America by B. Ehrenreich (Metropolitan Books, 2001).

9 Steps to Financial Freedom by Suze Orman (Running Press Book Publishers, 2001).

Ten Minute Guide to Household Budgeting by Tracey Longo (Alpha Books, 1997).

The Complete Cheapskate: How to Break Free from Money Worries Forever, Without Sacrificing the Quality of Your Life by Mary Hunt (Broadman & Holman Publishers, 1998).

Your Money or Your Life: Transforming Your Relationship with Money and Achieving Financial Independence by Joe R. Dominguez & Vicki Robin (Penguin USA, 2000).

Websites:

www.nfcc.org
National Foundation for Credit Counseling website. You can find an agency in your area and also explore resources and assistance for dealing with financial situations. (Can be reached by phone at: 888-388-2227).

www.debtorsanonymous.org
Provides literature and information on being in debt, a 12 step program for recovery and online meetings.

www.cheapskatemonthly.com
Monthly newsletter dedicated to stretching your budget. You can explore the newsletter archives and the tiptionary. Newsletter includes ways to save money from coupons to insurance policies.

National Association of Personal Financial Advisors: 888-333-6659

Vocational Domain

A National Study on Job Accommodations for People with Psychiatric Disabilities: Final Report by Granger, Baron, & Robinson. Available from Matrix Research Institute, 6008 Wayne Avenue, Philadelphia, PA, 19144, (215)438-8200 or mri@aol.com.

Be the Difference: A Beginner's Guide to Changing the World by Danny Seo (New Society Publishers, Ltd., 2001).

EEOC Enforcement Guidance: The Americans with Disabilities Act and Psychiatric Disabilities. Available from the Equal Employment Opportunity Commission, 1801 L Street, NW, Washington, D.C., 20507, (800) 669-3362 or www.eeoc.gov.

Finding Your Perfect Work by Paul and Sarah Edwards (Putnam Book, 1996).

Let Your Life Speak: Listening for the Voice of Vocation by Parker J. Palmer (John Wiley & Sons, Inc., 1999).

The Call of Service: A Witness to Idealism by Robert Coles (Houghton Mifflin Company, 1994).

We Are All Self-employed: The New Social Contract for Working in a Changed World by Cliff Hakim (Berrett-Koehler Publishers, 1994).

Websites:

www.volunteermatch.org
Search for volunteer opportunities by zip code. Provides ways to volunteer on-line.
www.unitedway.org

Find your local United Way using your zip code. Website provides information on United Way programs and ways you can get involved.

Leisure Domain

Al Roker's Big, Bad Book of Barbeque: 100 Easy Recipes for Barbeque and Grilling by Al Roker (Simon & Schuster Trade, 2002).

Bicycle Official Rules of Card Games: Over 250 Card Games by Tom Braunlich & Joli Quentin Kansil, eds. (The Unites States Playing Card Company, 2000).

No Need for Speed: A Beginner's Guide to the Joy of Running by John Bingham (Rodale Press, 2002).

The Fish's Eye: Essays about Angling and the Outdoors by Ian Frazier (Farrar, Straus & Giroux, Inc., 2002).

The Garden Primer by Barbara Damrosch (Workman Publishing Company, 1988).

Websites:

www.lovetheoutdoors.com
Provides camping tips for planning trips, outdoor cooking and information on state and national parks throughout the United States.

http://allmusic.com
Has the history of all different styles of music including influential artists and albums. Also provides history of the artists and albums with places for you to add any missing information you might know on an artist.

www.yahoo.com
You can find information on nearly any subject on this website from sports to horoscopes, from society and culture to government. Sign up for free e-mail while you're there!

www.msn.com
Gives links to different sites including maps and directions, current news and a recipe finder. Also provides free e-mail through Hotmail.

Health & Wellness Domain

8 Weeks to Optimum Health by Andrew Weil (Fawcett Book Group, 1998).

Everybody's Guide to Homeopathic Medicines: Taking Care of Yourself and Your Family with Safe and Effective Remedies by Stephen Cummings & Dana Ullman (G.P. Putnam's Sons, 1992).

Feeding the Body, Nourishing the Soul by Deborah Kesten (Conari Press, 1998).

Fitness for the Unfit by Ina Marx (Citadel, 1991).

Healthy Healings: A Guide to Self Healing for Everyone by Linda Rector-Page (Quality Books, 2000).

The American Yoga Association's Easy Does It Yoga: The Safe and Gentle Way to Health and Well-Being by A. Christenson (American Yoga Association, 1999).

The New Our Bodies, Ourselves from the Boston Women's Health Collective (Touchstone, 1992).

The Stop Smoking Workbook: Your Guide to Healthy Quitting by Anita Maximin (New Harbinger Publications, 1995).

Websites:

www.alice.columbia.edu
The Health Education and Wellness program of the Columbia University Health Service offers advice to contribute to your personal health and happiness. Includes a link to the interactive "Go Ask Alice" advice column.

www.amer-mentalhealthassoc.com
This site offers various information about schizophrenia and depression. Discussions on causes, treatment, prevention and recovery.

www.healthfinder.gov
This site created by the U.S. Department of Health and Human Services provides information and links to hundreds of related websites, including medical libraries, non-profit health organizations, support groups and more.

www.nccam.nih.gov/health
The National Center for Complementary and Alternative Medicine. Site evaluates alternative therapies and therapists.

www.stayhealthy.com
Health directory includes daily news updates, health centers ranging from diet and nutrition to mental health and a calorie counter.

Sex Information and Education Council of the United States
32 Washington Place, New York, N.Y., 10003
Provides a library and information service on sex education. Maintains database on books and journals in human sexuality.

Spirituality Domain

Care of the Soul by Thomas Moore (HarperPerennial, 1992).

Connectedness: Some Skills for Spiritual Health by R. Bellingham, B. Cohen, T. Jones & L. Spaniol in American Journal of Health Promotion, 4(1), 1989.

Earth Wisdom: Reconnecting to Yourself Through the Power of Nature by Aubrey Wallace (Conari, 2001).

Helping People in Spiritual Emergency by E. Bragdon (Lightening Up Press, 1988).

Life's Big Questions: 200 Ways to Explore Your Spiritual Nature by Jonathan Robinson (Conari Press, 2001).

Loving Kindness: The Revolutionary Art of Happiness by S. Salzberg (Shambala, 1997).

Meditation: A Simple 8-Point Program for Translating Spiritual Ideals into Daily Life by Eknath Easwaran (Nilgiri Press, 1993).

Spiritual Literacy: Reading the Sacred in Everyday Life by Frederic & Mary Ann Brussat (Scribner, 1996).

The Call of Spiritual Emergency: From Personal Crisis to Personal Transformation by E. Bragdon (Harper & Row, 1990).

The Four Agreements by Don Miguel Ruiz (Amber-Allen Publishing, 1997).

The Invitation by Oriah Mountain Dreamer (HarperCollins, 1999).

The Way We Pray by Maggie Oman (Conari Press, 2001).

What is Spirit? Messages from the Heart by Lexie Brockway Potamkin (Hay House, Inc., 1999).

The Kundalini Experience: Psychosis or Transcendence? by L. Sanella (Integral, 1992).

我們所謂的開始往往就是終極，而終極即為初始。故，抵達終點即興起的開端，此乃始末相連也。

我們不會停止探索，而一切探索的終點，將是我們當初一開始就知道的起點……

～艾略特

香港資源

復元相關書籍

- 文榮光、莊桂香（主編）(2007)。《浴火鳳凰：釋放憂鬱的靈魂》。台北，台灣：心靈工坊文化事業股份有限公司。
- 吳家琪 (2015)。《二零一二年精神健康特集》。香港：浸信會愛羣社會服務處。
- 吳家琪 (2015)。《朋輩‧三年》。香港：香港心理衛生會、香港明愛、浸信會愛羣社會服務處、新生精神康復會。
- 宋麗玉（主編）(2015)。《優勢觀點與精神障礙者之復元：駱駝進帳與螺旋上升》。台北，台灣：洪葉文化。
- 宋麗玉、施教裕 (2009)。《優勢觀點：社會工作理論與實務》。台北，台灣：洪葉文化。
- 東華三院 (2016)。《我是優材生》香港：東華三院黃竹坑服務綜合大樓。
- 東華三院 (2015)。《思情話語》。香港：東華三院。
- 香港家庭福利會 (2015)。《「女」途大轉站》。香港：香港家庭福利會。
- 徐群燕、梁大偉 (2015)。《始於足下：復元路上的故事彙編》。香港：扶康會。
- 庫普藍 (2004)。《重重提起，輕輕放下：生命復元行動計畫》（劉素芬譯）。台灣：揚智文化事業股份有限公司。
- 基督教家庭服務中心，梁少玲，陳國溪 (2011)。《心弦觸動：與殘疾人士同行歷程的理解與反思》。香港：天道書樓有限公司。
- 黃子峰、李麗華、趙娟容 (2016)。《牽動家的齒輪》。香港：新生精神康會。
- 新生精神康復會 (2016)。《改變幻聽的世界》。香港：經濟日報出版社。
- 趙少寧、精神病康復者和家屬 (2013)。《愛中重生：精神病患的復元》。香港：基督教文藝出版社有限公司。
- 郭飛瑩 (2009)。《我復悠然：一個精神病患者的新生》。香港：新生精神康復會
- 魏家欣 (2014)。《生命的無限可能：15個復元故事》。香港：新生精神康復會。
- 譚少華、陳淑玲、吳家琪、莫凱穎、周俊詩、羅淑美、盤鳳愛、陳淑芬、方穎瑜、潘文輝、冼芷筠 (2014)。《連繫——精神健康與家庭》。香港：浸信會愛羣社會服務處。
- Erica、阮志雄 (2014)。《潛能無極限「站出來‧說故事」復元篇》。香港：葵涌醫院職業治療部輔助就業服務。

網上資源

1. 教育：
- 自在人生自學計劃 http://www.women.gov.hk/mono/tc/empowerment/CBMP.htm
- 勞工處展翅青見計劃　http://www.yes.labour.gov.hk
- 僱員再培訓局　http://www.erb.org

- 職業訓練局　http://www.vtc.edu.hk/

2. 經濟 / 資產：
- 公共福利金計劃（普通傷殘津貼及高額傷殘津貼）　http://www.swd.gov.hk/tc/index/site_pubsvc/page_socsecu/sub_ssallowance/
- 政府長者及合資格殘疾人士公共交通票價優惠計劃　http://www.lwb.gov.hk/fare_concession/index_c.html#toc
- 綜合社會保障援助計劃　http://www.swd.gov.hk/tc/index/site_pubsvc/page_socsecu/sub_socialsecurity/
- 關愛基金　http://www.communitycarefund.hk

3. 職業：
- 庇護工場　http://www.swd.gov.hk/tc/index/site_pubsvc/page_rehab/sub_listofserv/id_shelteredw/
- 「陽光路上」培訓計劃http://www.swd.gov.hk/tc/index/site_pubsvc/page_rehab/sub_listofserv/id_onthejobsw/
- 殘疾人士在職培訓計劃　http://www.swd.gov.hk/tc/index/site_pubsvc/page_rehab/sub_listofserv/id_onthejobtr/
- 勞工處就業服務　http://www.labour.gov.hk
- 義工服務　http://www.volunteering-hk.org
- 輔助就業服務　http://www.swd.gov.hk/tc/index/site_pubsvc/page_rehab/sub_listofserv/id_supportede/
- 綜合職業康復服務中心　http://www.swd.gov.hk/tc/index/site_pubsvc/page_rehab/sub_listofserv/id_intivrsc/
- 綜合職業訓練中心　http://www.swd.gov.hk/tc/index/site_pubsvc/page_rehab/sub_listofserv/id_intivtc/

4. 康樂運動文化：
- 古物古蹟辦事處　http://www.amo.gov.hk
- 行山樂　http://www.lcsd.gov.hk/tc/healthy/hiking
- 香港公共圖書館　https://www.hkpl.gov.hk
- 香港公共博物館　http://www.museums.gov.hk
- 香港旅遊發展局　http://www.discoverhongkong.com
- 康樂及文化事務署　http://www.lcsd.gov.hk
- 康文署娛樂節目辦事處　http://www.lcsd.gov.hk

5. 宗教信仰：
- 天主教香港教區　http://www.catholic.org.hk
- 香港華人基督教聯會　http://www.hkcccu.org.hk

- 香港佛教聯合會　http://www.hkbuddhist.org/
- 香港道教聯合會　http://www.hktaoist.org.hk

6. 復康服務：
- 精神健康綜合社區中心　http://www.swd.gov.hk/tc/index/site_pubsvc/page_rehab/sub_listofserv/id_iccmw/
- 精神康復者家長／親屬資源中心　http://www.swd.gov.hk/tc/index/site_pubsvc/page_rehab/sub_listofserv/id_serexmental/

7. 家居服務/房屋：
- 中途宿舍　http://www.swd.gov.hk/tc/index/site_pubsvc/page_rehab/sub_listofserv/id_halfwayhou/
- 自置居屋　http://www.housingauthority.gov.hk/tc/home-ownership/
- 市區單身人士宿舍　http://www.swd.gov.hk/tc/index/site_pubsvc/page_family/sub_listofserv/id_temporarys/
- 香港房屋署- 公屋申請　http://www.housingauthority.gov.hk/tc/flat-application/
- 香港房屋協會　http://www.hkhs.com
- 輔助宿舍　http://www.swd.gov.hk/tc/index/site_pubsvc/page_rehab/sub_listofserv/id_supportedh/

8. 性與親密關係：
- 香港家庭計劃指導會　http://www.famplan.org.hk
- 香港明愛家庭服務　https://family.caritas.org.hk
- 婦女事務委員會　http://www.women.gov.hk/

9. 各種社區服務：
- 安老服務　http://www.swd.gov.hk/tc/index/site_pubsvc/page_elderly/
- 青少年服務　http://www.swd.gov.hk/tc/index/site_pubsvc/page_young/
- 非政府機構社區中心　http://www.swd.gov.hk/tc/index/site_pubsvc/page_comm/sub_commdevser/id_commcenter2/
- 家庭及兒童福利服務　http://www.swd.gov.hk/tc/index/site_pubsvc/page_family

10. 精神健康：
- 心情行動慈善基金　http://www.jmhf.org
- 利民會　http://www.richmond.org.hk/zh/downloads
- 青山醫院精神健康學院　http://www3.ha.org.hk/cph/imh
- 香港心理衛生會　http://www.mhahk.org.hk/chi/
- 浸信會愛羣社會服務處 精神康復者家庭資源及服務中心　http://carer.bokss.org.hk/
- 新生精神康復會　http://www.nlpra.org.hk

- 新生精神康復會復元動力 http://recovery.nlpra.hk
- 憂鬱小王子　http://www.depression.edu.hk
- 聯合情緒健康教育中心　http://www.ucep.org.hk
- 靜觀訓練　http://mindfulness.hk
- 賽馬會創意藝術中心　http://www.jccac.org.hk/
- SMART Institute http://smartstrengths.institute

11. 自助組織：
- 香港家連家精神健康倡導協會　http://www.familylink.org.hk/
- 恆康互助社　http://www.amss1996.org.hk/
- 香港非政府病人互助組織　http://hkpatientsrights.blogspot.hk/
- 康和互助社聯會　http://www.concord.org.hk/
- 基督教愛協團契有限公司　http://www.oihip.org.hk/

精神健康管理手機應用程式
- 友心情
- 心・活 Living with Heart
- 減壓情識
- 精神健康達人
- Newlife.330
- Sleeping Free: Relaxing Sounds

作者及撰稿人

普西雅・李奇韋
在精神健康領域工作了超過三十年後,我突然更加樂觀!我一直致力於前線服務、殘疾權益、支援性住所、政策分析及最佳實例研究——尤其去了解抗逆力和促進復元人士的發言權。我個人曾經歷偶然成為神秘主義者、創傷性腦受損、情緒抑鬱及創傷後壓力症候群,這些都令我有更深的省悟。我愛上了能讓我們痊癒和徹底轉變的抗逆力和創意的力量。

戴安・麥迪雅米
我於堪薩斯大學精神健康研究及培訓中心任職優勢復元支援性教育及復元工作者等項目的總監。我曾在美國各處及世界各地教授優勢觀點,並在社會福利學院任職副教授,制訂課程和教授社會工作。藉著多年臨床和政策與行政經驗,我見證實施以優勢為本的觀點所帶給人們生活的正面影響。

蘿莉・戴維森
我在精神健康領域工作了超過二十年,一直從每個與我分享的故事中學習。我漸漸明白到人與人之間只是一線之隔,甚或毫無隔閡。我以自己在抑鬱症的旅程作為主要因素,去支持復元人士在其復元旅程中冒險。我喜愛的東西是一杯優質的咖啡、一本絕佳的小說、跟我的好朋友在一起,當然還有丁香花。

茱莉・比爾斯
在撰寫《邁步復元路》時,我正在堪薩斯州勞倫斯市的伯特納什社區精神健康中心任職社會精神項目的復元服務提供者,也是一家獨立生活資源中心(Independence, Inc.) 董事會的一員。在我任職記者及電視製作人期間,我於1986年被診斷患多重人格障礙。我跟這個病抗爭了十年後才開始復元。通過個人治療和技能工作,我學會跟身邊的世界連繫。我的座右銘是「我們想甚麼,我們就成為甚麼」。每一天,我活出那些字句,並如常繼續我的倡議工作。

莎拉・拉茨拉夫
除了撰寫《邁步復元路》,我也在堪薩斯大學社會福利學院支援性教育組擔任研究助理,為堪薩斯服務工作者計劃及其他支援性教育倡議進行研究。這是我在精神健康方面的第一份工作,而我仍一直受到這本書、我讀過和聽過的故事及我所遇見過的人而鼓舞。

雪麗・布萊索

「生命，是一場對充滿火花、碰撞和變動的奇蹟與祝福之禮讚。」我在一家由朋輩營運的機構S.I.D.E., Inc擔任執行董事，也是懷恩多特中心 (Wyandot Center) 的復元人士事務及發展專家；這兩間機構都位於堪薩斯市。我亦在堪薩斯復元人士諮詢委員會成人精神健康部門工作。我的喜樂來自關係：我跟神及我的三個孩子——維農、雪麗・雅及西塞莉。我喜歡收集洋娃娃、浸溫暖的泡泡浴、吹肥皂泡和享受跟親友一起的時間。

芭芭拉・邦

我是團隊裡瘋狂科學家的「象徵」。我患有躁狂抑鬱症，也是一名核工程師。保持夢想——我在違背醫生勸告下獲取碩士學位。嘗試給神一個機會去讓你的生命可以服侍人。即使那並非你計劃下的一種服務，但總有一些你可以幫助別人的方法；只要你夠認真地審視並且有足夠的彈性去嘗試。例如，由於我是復元人士，所以我已不再是我自小夢想成為的科學家。然而，我選擇繼續服侍，並致力於殘疾方面的工作。

達倫・杜絲勒

任職於精神健康領域年間，我有幸參與復元工作者計劃，在社區推行精神健康教育及教授電腦課程。在我撰寫《邁步復元路》時，我在堪薩斯市懷恩多特中心任職就業方面的專家，幫助人們尋找有意義的工作、重返校園又或在他們的社區做義工。我要感謝所有在我旅程上遇過的人，並希望我已回饋你們給予我的一切。

珍妮斯・德里斯高，BSN, RN, CEN

我任職《邁步復元路》的諮詢委員會，並在初階段參與制定該手冊有關支援團體之課程。我活躍於朋輩支援倡議、資源發展諮詢委員會、演講者機構，以及在堪薩斯市都會區內、我所屬地區之社區支援服務中心的朋輩諮詢委員會。

伊莉莎伯・高迪

在創作《邁步復元路》期間，我任職精神健康照顧政策的社會及復康服務處 (Social & Rehabilitation Services' Office of Mental Health Care Policy)轄下的成人精神健康服務。我個人及專業的精神健康之旅令我十分驚喜，同時讓我在一班有創意、充滿掙扎及希望的人群中重新欣賞每個人天生擁有的治癒能力。

萊斯・希金斯
我是復元人士,研究文化、教授靈性課程,並身兼牧師和作家。作為別人的倡導者,在製作《邁步復元路》期間,我亦任職堪薩斯復元人士委員會。我相信要觀察、認識和尊重一個人的所有。我相信生活平衡,並且每一個人都可以治癒。

東尼亞・凱文
在過去的十五年,我工作於精神健康領域。我有幸能從朋輩導師學習,他們教導我去真正相信人。我運用創意去幫助復元人士發揮其潛能,並將希望和夢想活出來。我享受和韋德、高迪和札克一起露營,尋找人與人的連繫及我心底裡的渴望。

藍迪・莊信
在創作《邁步復元路》的期間,我任職於堪薩斯成人精神健康組的復元人士事務及發展處。我夢想駕駛著1974年出產的福士汽車到北部的鄉村小路旅遊。我永遠感謝我的家人、孩子和所有曾豐富了我的世界的人,其中一個可能會是你。

珍・高比
我是藝術學士(插畫)畢業,在豪馬公司任職繪圖五年,之後轉做自由畫家多年,最後我停留在堪薩斯市的懷恩多特中心教授繪畫,對象是像我一樣曾患精神病的人。我對於可以為《邁步復元路》的美術設計作出貢獻而感到驕傲,而我亦會繼續以它為基礎,激勵我參與其他更多的藝術項目。

蘇塞特・麥克
我過往的旅程帶我去到《邁步復元路》這個項目——我在精神健康領域的經驗,是來自作為職業治療師、病人/朋輩及倡導者,但最重要的是我作為一個人努力地去幫助那些心靈需要協助的人,讓他們可以編寫其人生舞曲。當我不是在寫作、跳舞或創作藝術時,你可以在大自然中找到我,享受著季節轉變的色彩。

雪妮・皮爾格
有很多人並不快樂、狂亂地奔走，還以為這樣的自己是正常的。我被確診患有精神病——這令我成為幸運的一員。我使用這一本及其他類似的書去幫助自己改善生活。我現居於加利福尼亞州我家人的附近，並繼續走在我自己的復元路上。

艾美・史蒂芙薇特
我真的相信《邁步復元路》自學手冊，它幫助我成長了很多。我是堪薩斯州的朋輩，並在精神健康領域內外工作了大約十二年。我從哥倫比亞密蘇里大學取得社會工作碩士。我與我的丈夫傑夫及我的貓兒住在堪薩斯州的奧弗蘭帕克。

祖安・侯利
我是堪薩斯州托皮卡的精神疾病國際聯盟 (National Alliance for the Mentally Ill, NAMI) 的家屬支援項目總監。我曾是托皮卡一家朋輩營運的機構陽光聯繫 (Sunshine Connection) 的董事會主席，並任職多個與露宿者、防止自殺和復元相關的委員會。

各方對《邁步復元路》的評價

找到《邁步復元路》之前，我的精神病是我的生活重心；使用這本自學手冊之後，我開始以復元來衡量我自己；當完成這本手冊時，我可以界定自己的生活了。

～伊利諾州讀者

《邁步復元路》跟優勢復元模式配合得天衣無縫，我們正將這模式引進我們的精神健康服務中。

～紐西蘭精神健康服務提供者

我昨天才收到這本自學手冊，晚上已讀了一半。內容令我讚嘆不已，我急不及待要跟其他人分享！

～堪薩斯州讀者

到目前為止，我們藉著《邁步復元路》取得成功；只是一節時間，已可看見參加者的改變！

～加拿大安大略省朋輩營運項目

《邁步復元路》是下一塊踏腳石，它讓復元人士活得更有意義及目標。《邁步復元路》影響我們藉著取回自己的身分而得到更大的力量、勇氣和肯定。此外，性和靈性這些題目不再是禁忌了！

～堪薩斯州精神健康服務提供者

我剛收到一本《邁步復元路》自學手冊，我感到太高興了。我是一個新的朋輩輔導員，相信這本書會為我們的團隊帶來很大的幫助！

～維珍尼亞州朋輩輔導員

上星期，當我們的品質管理委員會（百分四十是朋輩倡議者）正在考慮如何使醫生將復元的工作納入治療之中，《邁步復元路》擺在我面前，遂速讀這本書並發現它能給與很大的幫助，也讓我有很多關於如何將它納入工作當中的想法。

～俄勒崗州研究員

《邁步復元路》是一本增強自信的書，它提供合乎邏輯、簡單又可行的步驟，可以補足任何計劃。我們協助復元人士（使用《邁步復元路》），支持他們於不同層次的治療及參與，必定能增強關係，並提供他們一個清晰的個人進展記錄。

～阿拉斯加州精神健康服務提供者

《邁步復元路》
小組導師指南

自從《邁步復元路》自學手冊出版後,全球各地出現了不少自發性的小組,有些在公開場合舉辦,也有些是兩、三人於某人的客廳舉行。在大多數的小組中,參加者完成練習、討論當中的語錄,甚至就某些題目應否包括在篇章裡而進行辯論。由於有許多不同的形式出現,要為小組導師創作一本指南是一件不容易的事。

《邁步復元路:小組導師指南》的設計目的,是要讓即使首次擔任導師的人都容易上手,所以本指南甚具彈性,讓導師按需要使用自學手冊的其中一部分,以進行較短的小組。四個單元提供24個長約兩小時的小組,包括以下的內容:

- 題目的總覽和目標
- 推介延伸閱讀、材料和筆記
- 給導師帶領小組的具體提示和筆記
- 詳細議程,包括建議時間和活動
- 採用線圈釘裝,方便導師使用

本指南為小組導師提供《邁步復元路》這兩小時小組的所有資料,包括如何將小組應用於具體所需。有些小組以一年時間去完成自學手冊內的所有材料,有些則每星期完成一章。無論你想怎樣進行小組,也會在這指南中找到對你有用的資料。

訂購:
www.pathwaystorecoverybooks.com

「我已完成《邁步復元路》，接著可做甚麼？」

運用《邁步復元路》作每日反思

很多讀者覺得自學書籍如《邁步復元路》對其個人歷程很有幫助。教育很重要，但是有些時候，弄清楚如何將自己所學一步一步融入日常生活之中，也是十分重要的。

根據《邁步復元路》原著內的語錄和故事，我們於2010年出版了新一冊有關每日反思之著作，以助讀者深入思考他們之前所學的，並開始將材料融入其復元之旅上！